中华精神家园

古迹奇观

历史开关

千年古城墙与古城门

肖东发 主编 周广双 编著

中国出版集团

现代出版社

图书在版编目（CIP）数据

历史开关：千年古城墙与古城门 / 周广双编著. —
北京：现代出版社，2014.5（2019.1重印）
ISBN 978-7-5143-2330-6

Ⅰ．①历… Ⅱ．①周… Ⅲ．①古建筑－介绍－中国
Ⅳ．①K928.77

中国版本图书馆CIP数据核字(2014)第057115号

历史开关：千年古城墙与古城门

主　　编：肖东发
作　　者：周广双
责任编辑：王敬一
出版发行：现代出版社
通信地址：北京市定安门外安华里504号
邮政编码：100011
电　　话：010-64267325 64245264（传真）
网　　址：www.1980xd.com
电子邮箱：xiandai@cnpitc.com.cn
印　　刷：三河市华晨印务有限公司
开　　本：710mm×1000mm　1/16
印　　张：10
版　　次：2015年4月第1版　2021年3月第4次印刷
书　　号：ISBN 978-7-5143-2330-6
定　　价：29.80元

　　党的十八大报告指出："文化是民族的血脉，是人民的精神家园。全面建成小康社会，实现中华民族伟大复兴，必须推动社会主义文化大发展大繁荣，兴起社会主义文化建设新高潮，提高国家文化软实力，发挥文化引领风尚、教育人民、服务社会、推动发展的作用。"

　　我国经过改革开放的历程，推进了民族振兴、国家富强、人民幸福的中国梦，推进了伟大复兴的历史进程。文化是立国之根，实现中国梦也是我国文化实现伟大复兴的过程，并最终体现为文化的发展繁荣。习近平指出，博大精深的中国优秀传统文化是我们在世界文化激荡中站稳脚跟的根基。中华文化源远流长，积淀着中华民族最深层的精神追求，代表着中华民族独特的精神标识，为中华民族生生不息、发展壮大提供了丰厚滋养。我们要认识中华文化的独特创造、价值理念、鲜明特色，增强文化自信和价值自信。

　　如今，我们正处在改革开放攻坚和经济发展的转型时期，面对世界各国形形色色的文化现象，面对各种眼花缭乱的现代传媒，我们要坚持文化自信，古为今用、洋为中用、推陈出新，有鉴别地加以对待，有扬弃地予以继承，传承和升华中华优秀传统文化，发展中国特色社会主义文化，增强国家文化软实力。

　　浩浩历史长河，熊熊文明薪火，中华文化源远流长，滚滚黄河、滔滔长江，是最直接的源头，这两大文化浪涛经过千百年冲刷洗礼和不断交流、融合以及沉淀，最终形成了求同存异、兼收并蓄的辉煌灿烂的中华文明，也是世界上唯一绵延不绝而从没中断的古老文化，并始终充满了生机与活力。

　　中华文化曾是东方文化摇篮，也是推动世界文明不断前行的动力之一。早在500年前，中华文化的四大发明催生了欧洲文艺复兴运动和地理大发现。中国四大发明先后传到西方，对于促进西方工业社会的形成和发展，曾起到了重要作用。

中华文化的力量，已经深深熔铸到我们的生命力、创造力和凝聚力中，是我们民族的基因。中华民族的精神，也已深深植根于绵延数千年的优秀文化传统之中，是我们的精神家园。

总之，中华文化博大精深，是中国各族人民五千年来创造、传承下来的物质文明和精神文明的总和，其内容包罗万象，浩若星汉，具有很强的文化纵深，蕴含丰富宝藏。我们要实现中华文化伟大复兴，首先要站在传统文化前沿，薪火相传，一脉相承，弘扬和发展五千年来优秀的、光明的、先进的、科学的、文明的和自豪的文化现象，融合古今中外一切文化精华，构建具有中国特色的现代民族文化，向世界和未来展示中华民族的文化力量、文化价值、文化形态与文化风采。

为此，在有关专家指导下，我们收集整理了大量古今资料和最新研究成果，特别编撰了本套大型书系。主要包括独具特色的语言文字、浩如烟海的文化典籍、名扬世界的科技工艺、异彩纷呈的文学艺术、充满智慧的中国哲学、完备而深刻的伦理道德、古风古韵的建筑遗存、深具内涵的自然名胜、悠久传承的历史文明，还有各具特色又相互交融的地域文化和民族文化等，充分显示了中华民族的厚重文化底蕴和强大民族凝聚力，具有极强的系统性、广博性和规模性。

本套书系的特点是全景展现，纵横捭阖，内容采取讲故事的方式进行叙述，语言通俗，明白晓畅，图文并茂，形象直观，古风古韵，格调高雅，具有很强的可读性、欣赏性、知识性和延伸性，能够让广大读者全面接触和感受中国文化的丰富内涵，增强中华儿女民族自尊心和文化自豪感，并能很好继承和弘扬中国文化，创造未来中国特色的先进民族文化。

2014年4月18日

固若金汤——明清城墙

攻防兼备——天下城门

明清城墙

　　城墙是我国古代城市的传统防御设施，是由墙体和其他辅助军事设施构成的军事防线。明城墙是明代初年在明太祖朱元璋采纳学士朱升"高筑墙、广积粮、缓称王"的建议指导下建成的。

　　城墙完全围绕"防御"战略体系建造，包括护城河、吊桥、闸楼、箭楼、正楼、角楼、敌楼、女儿墙、垛口等一系列军事设施，城墙的厚度大于高度，墙顶可以跑车、操练，非常坚固。

　　明清城墙比较著名且保存完整的有江苏南京古城墙、陕西西安古城墙、湖北荆州古城墙和辽宁兴城古城墙等处。

集城池建造大全的南京城墙

在春秋战国时期，南京属吴国，相传公元前495年，吴王夫差在此建立冶铁作坊，铸造兵器，取名冶城。

公元前472年，越王勾践灭吴之后，企图进一步吞并楚国，他看中了位于现在南京中华门的长干里一带，遂召见他的谋士范蠡监理建城，定名"越城"，又叫"范蠡城"。

南京城墙

当时的"越城"很小，城周长只有约1千米，占地面积也只有60000多平方米，称作"越台"，这是南京有军事城堡的最早记载。

公元前333年，楚威王灭越，又在南京清凉山筑城，称为"金陵邑"，这时

的南京也被人称为"金陵"或者"石头城"。

211年，孙权将其统治中心从镇江迁至秣陵，并改秣陵为建业。第二年，在清凉山麓金陵邑的旧址上兴建石头城，作为江防要塞，从这时开始，石头城一直是南京的代称之一。

229年，孙权在武昌称帝，同年迁都建业，这是南京历史上第一次成为封建王朝的都城。其后，继东吴在南京建都的有东晋、宋、齐、梁、陈，史称六朝，时达300多年。

六朝的建康都城大体依东吴旧制。南京以前唯有土墙篱门，480年改立砖墙。全城分为南北两个部分，北部置宫城，南部置中央和地方各级衙署。宫城以北为皇家苑囿，居民则大多住在南城以外，以秦淮河和青溪两岸最为稠密。

元代末年，朱元璋要大展宏图，就必须要有稳定的根据地，这样当时叫作"集庆"的南京城就进入了他的视线。

谋士 指设谋献计的人。古时的谋士相当一部分"学而优"却不能"仕"的读书人，常以"门客""军师""幕僚"等身份，为自己的"主人""主公"，出谋划策，排忧解难，有时甚至会以死相报。

孙权（182年—252年），字仲谋，吴郡富春人，三国时代东吴的建立者。孙权称帝后，设置农官，实行屯田，平定山越，设置郡县，促进了江南经济的发展。庙号太祖，谥号大皇帝。

■明南京故宫古城墙

宰相 我国古代最高行政长官的通称。"宰"的意思是主宰，商朝时为管理家务和奴隶之官，周朝有执掌国政的太宰，也有掌贵族家务的家宰、掌管一邑的邑宰，实已为官的通称。相，本为相礼之人，字义有辅佐之意。

1356年，朱元璋攻占集庆，并改名应天府，自称吴国公，同时采用"高筑墙"的政策建造坚固的城池，稳固应天府的根据地。

自1360年至元灭亡期间，朱元璋在政治、军事等各方面开始占绝对优势。在此背景下，为建立新王朝、登基皇位，朱元璋在应天府城池的基础上重新设计规划，并于1366年开始大规模建造城池。南京明城墙600多年的风雨历史由此开始。

明代对南京城墙的修建分为宫城、皇城、京城和外郭几大板块。宫城，俗称紫禁城，为都城核心，偏于南京京城的东隅，有御河环绕。

1366年，朱元璋下令兴建应天府宫城，经宰相刘伯温勘测，宫城位置适合建在钟山"龙头"之前，因为此处有"帝王之气"，这一带正是南北朝梁武帝长子萧统去世所埋的燕雀湖所在地，于是，朱元璋便下令填湖来做宫城的基地。

朱元璋调集几十万民工填湖，由于湖广势低，填湖工程十分浩大，需要大量的土石，所以在南京的民间有"迁三山填燕雀"的传说。

据传，当年由于湖水盈满，填湖工程进展缓慢，朱元璋很焦急，多次来湖边微服访察，后采用了一个名为"田得满"的老农"移三山，填燕雀"的计策，才填平了燕雀湖。

燕雀湖大部分被填平后，为了避免地基下沉，朱元璋又命人在城墙下部铺垫巨石，在宫殿下面打木桩，并铺砌砖石结构的大型下水道以稳固地基。尽管如此，到了朱元璋晚年的时候，宫城还是出现了地基下沉的现象。

在当时，帝王宫城建设，一般是就南低北高的地

■南京城墙

南京城墙石头城

历史开关

千年古城墙与古城门

势而建，取意为步步升高，一代更比一代强，江山可以万代相传。

明宫城下沉后，呈南高北低态势，依阴阳家之言，这是绝后和丧败亡国的征兆。这令朱元璋追悔莫及，但此时他已经年老力衰，虽有迁都的愿望，却已力不从心了，只好在一篇《祀灶文》中哀叹说：

兴废有命，唯有听天。

南京宫城建成后，南北长达2.5千米，东西宽达2千米，平面呈长方形，坐北朝南，分前朝三大殿和后庭六宫两部分。在宫城城墙上开筑城门有午门、左掖门、右掖门、东华门、西华门和玄武门。

皇城是护卫宫城的最近的一道城墙。城墙上开筑城门有洪武门、长安左门、长安右门、东安门、西安门和北安门。

皇城的外围，还筑有一道都城的城墙以加强防卫。这部分都城的东南角，在通济门附近与宋元时期的旧金陵城相接。

皇城兴修完毕后，朱元璋就着手向北拓宽都城。但是，在开始时他还拿不定主意，究竟是沿着玄武湖南岸的覆舟山和鸡笼山麓的六朝建康城北墙向西筑，还是沿着玄武湖的西岸向北筑。

起先，他是倾向于利用建康城北墙向西延伸到鼓楼和清凉山一带的。鸡鸣寺后俗称为六朝"台城"的一段城墙，已在明代进行过加固和改筑，并在鸡笼山的北麓中断。如果按照这一方案，明初的都城就只有留下来的三分之二大小。

事实证明，朱元璋后来废弃了这一方案，而沿湖向北筑城，这可能是更多地考虑了巩固江防的需要。

但是，这个方案的工程量很大，沿线都是山冈丘陵地带和人烟稀少的地方。于是，建造者先通过秦淮河的入江孔道，将建筑材料从水路运到汉西门和龙江关一带，再分段建筑，并且充分利用了沿线的黄土丘陵，以增加城墙的高度。

阴阳家 流行于战国末期到汉初的一种学派，齐人邹衍是其代表人物。大体而言，邹衍的阴阳家思想表现在将自古以来的数术思想与阴阳五行学说相结合，并试图进一步发展，用来建构宇宙图式，解说自然现象的成因及其变化法则。

固若金汤

明清城墙

■ 东水关遗址

■ 南京城墙和平门

仙鹤 寓意延年益寿。在古代是一鸟之下，万鸟之上，仅次于凤凰，明清一品官吏的官服编织的图案就是"仙鹤"。同时鹤因为仙风道骨，为羽族之长，自古被称为"一品鸟"，寓意第一。仙鹤代表长寿、富贵。传说它享有几千年的寿命。仙鹤独立，翘首远望，姿态优美，色彩不艳不娇，高雅大方。

最后分别自神策门向南，自鸡鸣寺后向北筑"后湖城"，充分利用了六朝时的"十里长堤"，从而完成了应天府城的全部工程。

这座作为明代初年都城之用的应天府城，是明代我国最大的一座城池。即使与同一时期普天下范围内的大城相比，也是首屈一指的。

传说，朱元璋建筑好应天府城以后，就带着他的儿子们登上钟山观察都城的形势。他们发现宫城离钟山太近，如在山上架炮，皇宫很容易被击中，而且还有一些其他重要制高点，也对城防非常不利。于是，朱元璋又于1390年下令建造外郭城。

这座外郭城主要是利用应天府城外围的黄土丘陵筑成，只在一些防守薄弱地段加砌一部分城墙并开设城门16座，所以俗称"土城头"。周长实际上有60千米左右，各段砖筑的部分加起来计20千米。

外郭呈菱形，最北城门为观音门，最东为麒麟门，最南为夹岗门，西边的外郭城墙未合围，留下南北两豁口分别延伸至长江边。

从东郊的麒麟门起，向北经过仙鹤门、姚坊门、观音门、佛宁门、上元门，直到江边的外金川门。从麒麟门往南，经过沧波门、高桥门、上方门、夹岗门、凤台门、大小安德门、大小驯象门、江东门和栅栏门，也止于江边，其中外金川门和栅栏门是明代晚期所开的。这就是一般所说的南京有"外城门十八"。

明代南京城墙经历600多年的历史沧桑，仍旧昂然屹立，忠诚地守护着这座城市。它不仅是我国古都中保护最为完好的古代城墙，也是世界上保存下来的最大的一座古代城墙。

有人形容南京明城墙是"人穷其谋、地尽其险、

麒麟 亦作骐麟，简称麟，它的外形像鹿，头上有独角，全身覆盖有鳞甲，尾像牛尾。它是我国古籍中记载的一种动物，与凤、龟、龙共称为"四灵"。它是神的坐骑，古人常把麒麟当作仁兽、瑞兽。其雄性称麒，雌性称麟。麒麟是吉祥神兽，主太平、长寿。

■南京城墙神策门

■ 南京古城墙

冷兵器 发展经历了石器时代、青铜时代和铁器时代三个阶段。冷兵器按材质分为石、骨、青铜等兵器，按用途分为进攻性兵器和防护装具，进攻性兵器又可分为格斗、远射和卫体三类，按作战方式分为步战兵器、车战兵器、和攻守城器械等，按结构形制分为短兵器和长兵器等。

天造地设"，此言不虚。南京明城墙的四重城墙结构在世上独一无二，不仅如此，其城门和墙体的建造、防排水与护城河的设计也显示了非同一般的智慧。

城门是衔接城市内外的交通要道和观瞻之所在，也是古代城墙攻防战中的焦点。为此，朱元璋等人在南京京城城门营建中，煞费苦心地数次对城门进行修葺、增筑改制，以壮其势、瞻其观。

明初建城时，南京城共开城门13座，包括正阳门、通济门、聚宝门、三山门、石城门、清江门、定淮门、仪凤门、钟阜门、盆川门、神策门、太平门和朝阳门。每座城门均有相当规模的城楼，并有数道木城门和千斤闸。

门址位置依据城墙形制不求对称，依门设有瓮城。瓮城，是古代城池中依附于城门外的附属建筑。瓮城是我国古代冷兵器时代长期战争实践的产物，是我国古代城墙建造工程的一大发展，也是护卫城门建筑形式中一种成熟的建筑设施。造型多数为半圆形，少数呈矩形、方形等。外瓮城城门取向不一，形成相对独立的护卫城门的设施。

南京城墙的内瓮城，一反我国传统瓮城建造的旧制，将前人把瓮城设置在城门内的设想，大胆用于实践，并有了很大的发展和创新。因此，内瓮城的形制，为明初南京城墙首创。

由于内瓮城设置在城门的里边，就有条件设置瓮洞，即藏兵洞，将城门守御这一明显的薄弱部位，变成防御作战中的强点，这是外瓮城所无法做到的。

南京城墙城门的顺序是：

三山聚宝临通济，正阳朝阳定太平，

神策金川近钟阜，仪凤定淮清石城。

三山门、聚宝门和通济门，均为内瓮城，规模与气势均超过其他诸门，尤以聚宝门内瓮城为最。仅藏兵洞就达27个，第一道城门左、

■ 南京城墙中华南门

三法司 明清两代以刑部、都察院、大理寺为三法司，遇有重大案件，由三法司会审，亦称"三司会审"。明代刑部替代了大理寺掌管主要的审判业务。大理寺成为慎刑机关，主要管理对冤案、错案的驳正、平反。都察院不仅可以对审判机关进行监督，还拥有"大事奏裁、小事立断"的权力。

右各三个，城门上的楼基中设七个，均坐南朝北，以城基中洞为最大，面积达310平方米。

东西礓下面各设坐西朝东和坐东朝西的藏兵洞七个。这些藏兵洞平时用作储藏守城器械和军用物资，战时藏兵，可藏兵3000余人。

通济门的内瓮城也非常壮观，特别是呈船形的通济门内瓮城，在增强城门防御能力的同时，又融入了强烈的艺术性和思想性，反映了当时人们的审美情趣和某种愿望。

正阳门、朝阳门和太平门，分别位于环绕皇宫的南、东、北三面京城城墙上。其中，正阳门为皇宫南北中轴线的最南端，是外国使臣赴京朝觐入城必经之正门，而太平门外玄武湖之滨，则为1384年朱元璋设置的主宰刑杀大权"三法司"之所在。

神策门，是当前所知的南京城墙唯一的传统形制的外瓮城。有趣的是神策门外瓮城与聚宝门内瓮城几乎在城市同一条南北中轴线上，这一南一北，一大一小，一内一外的不同形制的瓮城也是明南京城墙建造中继承与创新的例证之一。

金川门、钟阜门、仪凤门和定淮门四门，位于南京城墙的西北角，濒临长江，是抵御江北进犯南京城的重要门户。

1402年，燕王朱棣率"靖难之师"渡江南下，如果不是李景隆、谷王在城内策应，打开金川门迎燕师入京，恐怕朱棣当时也难以顺利进城并很快登基称帝。

清凉门、石城门均置内瓮城单座。

坚固而形制各异的城门，是南京城墙绚丽多彩的一章，也是当年建造者设计思想的生动体现。城门的设计与建造，在充分满足城门防御能力的前提下，极力追求城门建造艺术上与恢宏雄伟、形制独特的南京城墙主体协调，达到浑然一体、相得益彰的效果。

城墙最本质的原生价值之一，在于具备冷兵器时代的军事防御功能。城墙最初由土垒、土石混筑、砖石砌筑其表皮，发展到南京明城

■明代南京城墙

■ 南京明城墙台阶

夯筑 "夯"是指靠人力用工具将土或其他粒状材料一层层砸密实的建筑方法。"夯筑"是我国古代建造房屋基础、墙和台基时的主要技术。

攻城器械 用来越过城墙和城堡的其他防卫者，让攻击部队的优越兵力，可以在最小的伤亡情况下攻击防卫者。除了简单的云梯之外，中古时代最常被使用的攻城装备，包括抛石机、投石机、攻城塔、冲撞车和大盾牌等。

墙大规模采用砖石构造，逐步趋于完善的过程，与兵器的发展有着密切的联系。

南京明城墙的建造者们在无数次实战中，积累了丰富的经验。因此，南京明城墙在军事防御功能上，针对当时的攻城器械和火兵器，结合南京地区地形、地貌，无论在城墙的高度、厚度、基础、建材、城墙关键部位的设防，其城防建筑体系，都达到了我国城墙建筑较完美的程度。

南京地处雨水丰沛的江南，丘岗连绵，河湾如织，湖泊池塘星罗棋布。城墙择址的地段或山石嶙峋，或低洼松软，或平坦如砥。为防止高大的城墙下陷、开裂、倾倒，建造者根据工程的要求，采取了不同的科学处理方式。

有的顺山势而建，城墙与山体岩石连接成整体。有的深挖基础至原生土，上铺巨石为基，挖不到原生土的低洼地段，还打下10余米长的木桩，上面铺设圆木井字形木排，借以转嫁城墙压力。

用于南京城墙最大的条石，每块重达500余千克，城砖每块一般重十余千克，层层叠叠垒砌成高达12米至24米、底宽8米至27米、顶宽3米至18米的墙体，其重量可想而知。如此沉重的负荷，城墙能够依然屹立，与牢固的基础密不可分。

南京明城墙在砌筑中，对不同地段采取了不同质地墙体的处理方法和特殊的黏合材料。有的地段用石灰岩和花岗岩的条石作为城基、勒脚和部分城墙内外壁的主要材料，有的地段全部用城砖垒砌。

还有的地段以条石、城砖砌筑墙面，中间填以片石、城砖、黄土混合夯筑等。黏合墙体的材料十分坚固，以至留下了用糯米汁加石灰等灰浆建造的说法。

南京明城墙的防、排水系统科学适用，功能包括城墙自身防水、排水和对城区的防水和排水两部分。

城墙填层上部，采用桐油、石灰、黄土拌合的灰浆封顶夯实，厚约2米，在其上面和沿墙体两侧直至墙根用灰浆砌筑多层城砖。墙体顶

■南京明城墙护城河

■南京明城墙

玄武 是一种由龟和蛇组合成的一种灵物。玄武的本意就是玄冥，武、冥古音是相通的。玄，是黑的意思；冥，就是阴的意思。玄冥起初是对龟卜的形容：龟背是黑色的，龟卜就是请龟到冥间去谐问祖先，将答案带回来，以卜兆的形式显给世人们。因此说，最早的玄武就是乌龟。

面设置了石质排水明沟，在其明沟约50米距离设置石质出水槽将水排出墙体。

城区的防水和排水系统，主要是利用城墙底部设置的水关和涵闸。在秦淮河出入口处分别建有东水关和西水关，水关设有闸门三道，前后两道为木闸门，中间设铁栅门以防潜水入城之敌。

东水关内侧还设有33座瓮洞，分为三层，上面两层为藏兵洞，中洞可通船，下层通水。

此外，还设有金川河闸、玄武湖的"通心水坝"，即武庙闸、前湖的半山园闸与琵琶湖的琵琶闸等多处涵闸。这些涵闸，设有铜、铁管和铜水闸，只能进水不可进人，设计巧妙，结构合理。

环绕南京明城墙的护城河，是南京明城墙的一个重要组成部分。护城河的水源，来自秦淮河、清溪、金川河以及玄武湖、前湖和琵琶湖等，经对城墙外侧河道疏浚、开挖，引导河水入濠而成。宽阔的护城河水面，衬映高大的南京城墙，使进犯之敌望而生畏。

明南京城门外护城河的桥梁，是人流车马往来的要道口，故大多以坚硬的石质材料为主要构件。例如石城门外的石城桥、三山门外的三山桥、聚宝门外的聚宝桥、通济门外的九龙桥、正阳门外的夔角桥、朝阳门外的平桥等。

明初建造在相关河道上的著名桥梁中，最大的石拱桥是上方桥，即七桥瓮，由于这座桥是拱卫京城的门户，以至成为历代兵家必争之地。

在明初建造的桥梁中，明初称为"大通桥"，民间又俗称"赛工桥"或"赛公桥"，后来又称为赛虹桥。桥梁与南京明城墙的建造，传说故事最多。

南京明城墙的建造，历经洪武一朝。在城墙的结构、瓮城的创新、护城河水源的利用、水关涵闸及桥

兵家 春秋战国时代，诸侯之间不断爆发战争，从事军事的智谋有识之士，总结军事方面的经验教训，研究制胜的规律，这一类学者，古称之为兵家。凡论述军事的兵家著作，称为兵书。

■ 南京明城墙遗址

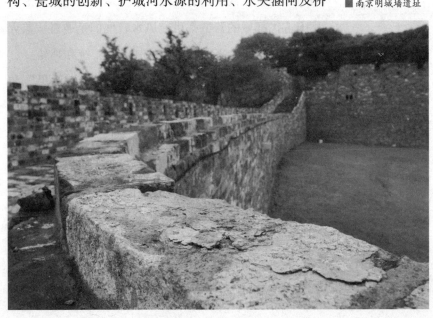

■ 南京明城墙台阶

梁的设计等诸多方面，汇集了古代劳动人民的聪明和才智，是元末明初劳动人民用心血筑成的一座丰碑。

南京城墙在建筑上颇有特色，它不仅以格局奇特引人瞩目，而且其坚固的墙身，不规则的形状，以及高质量的城砖和城砖铭文等都显示了明代建设者的非凡智慧。

一是格局罕见的城都。我国历代君王建都，都习惯取用方形，明城墙却违背古制，呈不规则形，依山形地势而建。它利用南唐都城南面和西面的城墙拓宽加高，并向东、西延伸，依山据水，转而合拢。

关于南京城墙的形状，有宝葫芦形、宫扇形、粽子形等说法，甚至还有人说像朱元璋的脸。实际上，我国古代都城的营造都讲究风水，他们是通过法象天地和宇宙中心论来突出皇权的神圣、正统和神秘。

南京明城墙的整体布局为天象的"南斗星"与"北斗星"聚合形。因为北斗为七星，南斗为六星，所以南京有13个城门。

如宫城依紫微垣布局，紫微星是天帝所在，其后有华盖星，宫城最重要的上朝的奉天殿后也有华盖殿，宫城的金水走向和银河完全一致。

皇城依太微垣布局，太微垣主要由十星构成，皇城亦在御道两侧设吏、户、礼、兵、工五部和中、左、右、前、后五军都督府，端门星是太微垣南门，皇城亦同样设端门。

都城按天市垣布局，最典型的例子是刑部，刑部不和其他五部同在皇城内，而是和大理寺、都察院一起放在皇城以北的太平门外，对应天市垣的贯索星，即天牢。据《明太祖实录》记载，朱元璋说："我要夜观天象，如果有流星经过贯索星，就表明有冤案，我就要处罚你们。"

南京明城墙在南斗位置的建筑材料是青条石，而北斗位置却是城砖，城砖又被称为官砖，老百姓是不能随意买卖和使用的。

就连当时富甲一方的沈万三捐修的城墙也只是在南斗方位，也不能使用官砖。青条石和官砖的使用把北斗和南斗清楚地区分了出来，也把南京明城墙的格局清晰地展现在人们的面前。

二是坚固雄伟的墙身。南京城墙墙身分墙基、墙

铭文 又称金文、钟鼎文，指铸刻在青铜器物上的文字。与甲骨文同样为我国的一种古老文字，是华夏文明的瑰宝。本指古人在青铜礼器上加铸铭文以记铸造该器的原由、所纪念或祭祀的人物等，后来就泛指在各类器物上特意留下的记录该器物制作的时间、地点、工匠姓名、作坊名称等的文字。

019

固若金汤

明清城墙

■南京明城墙

■ 南京明城墙

雉堞 是由垛墙和垛墙之间形成的垛口组成。雉堞一般为夯土所筑。明代以后，普遍开始在夯土的城墙外面包砖，此时的雉堞是砖砌而成。而石城的雉堞则是石砌而成。雉堞是城池防御体系中不可缺少的重要组成部分，但不同的城池在雉堞的结构上有所差别。

身、雉堞三个层次。大部分城墙都先用花岗岩或石灰岩的条石作基础，上面再用规整统一的巨砖垒砌内外两壁和顶部，内外壁之间常用碎砖、砾石和黄土层层夯实，许多重要地段则内外两壁从顶到底全部用大块条石砌筑，或两壁用条石砌筑，中间全用砖砌。

整个墙体取梯形堆砌，下宽上窄，以保持平衡稳定；城砖砌筑每层犬牙状接榫相咬，增加内部拉力；城墙基础底部，一般深入地面以下两米至五米，底脚宽于城墙两米，以保证城墙基牢固。

城墙顶部和内外两壁的砖缝里，都浇灌一种"夹浆"，即用石灰、糯米汁、高果汁或加桐油掺和而成的黏状体，这种"夹浆"凝固后黏着力很强，能保持墙身经久不坏。

城墙的墙顶用砖铺成地面并砌成雉堞，并安置石刻的泄水槽以排出雨水。墙基部分间隔设置排水洞，以排除城墙内侧的积水。

在城墙砌筑水平上，南京明城墙达到了我国古代筑城史的最高水平，墙体厚高且坚固，巍然屹立的明城墙一直守护着南京的主城区。

三是最高质量的城砖。南京城墙所用巨砖，一般长0.4米，宽0.2米，厚0.1米，实物标本则有略大或略小于该尺寸的，这是制作中的误差。每块砖重为10千克至20千克。砖分瓷土砖和黄土砖两种，后者占绝大部分。

南京明城墙所用如此巨量的城砖，究竟依靠哪些区域烧制并提供？据考证，南京明城墙所用城砖，分别来自长江中下游的广袤地区，其中包括江苏、江西、安徽、湖南、湖北五省的府、州、县，以及军队卫、所和工部营缮司等近两千个单位承担组织人力制坯和烧造。

营缮司 官署名。明清两代设有营缮司，隶属工部。掌缮治皇家宫廷、陵寝、坛庙、宫府、城垣、仓库、廨宇、营房。司设郎中、员外郎、主事等官。

■ 南京明城墙高大的墙体

■ 南京明城墙城砖
上的铭文

秀才 别称茂才，
原指才之秀者，
始见于《管子·
小匡》。汉代以
来成荐举人才的
科目之一。亦曾
作为学校生员的
专称。读书人被
称为秀才始于明
清时代，但"秀
才"之名却源于
南北朝时期。其
实"秀才"原本
并非泛指读书
人，《礼记》称
才能秀异之士为
"秀士"，这是
"秀才"一词的
最早来源。最早有
秀才之称的，是西
汉初期的贾谊。

为了确保建造南京京师城墙的城砖烧造质量，朝廷要求各地府、州、县地方官员，军队卫、所的士卒，以及县以下里、甲的基层组织负责人，直至造砖人夫、烧砖窑匠均需在砖上留下姓名，以便验收时对不合格的城砖追究制砖人的责任。

这种严酷的"责任制"，保证了南京明城墙建造过程中的高质量，城墙上的墙砖依然叩之清脆有声。

四是城砖铭文文化。南京明城墙，据初步估算共耗费了数亿块城砖。由于城砖来自各地，故其城砖材质的土性也呈多样性，如有黏土、沙土、高岭土等。

这些城砖大多数留有铭文，少则一字或一个符号、记号，多则70余字，这不仅是南京明城墙的一大特点，也是南京明城墙历史文化的重要组成部分。

南京城砖铭文的书写者，大体可分"书斋式"与"民间式"两类。前者属官府内的官吏文人、乡间秀才，也许只要没有写错，就不会有杀头之虑的缘故，其字体流畅工整，点、撇、钩、捺极具文人气息。

后者属于粗通文墨、甚至没用笔写过字的工匠，当砖坯出模后，只是拣了身边的一根小树枝，在砖的一侧小心翼翼留下所在县、甲以及自己的名字，稚拙的字体上透出几许村野之气。

城砖铭文的字体，篆体、隶体、魏体、楷体、行体各体皆备，蕴含着淡淡的金石味。其中有一种书体最具神韵，在我国书法字典上，也难找到它的归属，却一笔一画不扭不颤，那是来自民间的书法艺术。

从铭文技法上，又可分为模印、章印和刻画三种形式。其中，铭文的双线模印由于字体的笔画较细，故对制砖泥土的质量有较高的要求。

南京明城墙的城砖铭文，为后人留下了极其丰富

■南京明城墙下的树林

模印 先用一块印花模子，刻出基本花纹，趁陶模胎尚未全干时，用印模在上面打印出一个个花纹，一般都打印成规整的四方连续图案。在春秋中晚期和战国时期，盛行的蟠虺、蟠螭纹，都采用此法印铸。以后一直影响到两汉，汉代砖刻大多也应用模印法制作。

的文化信息和十分珍贵的历史资料，有些资料还填补了史料的不足，为我国历史学家进一步研究南京城砖产地的分布、我国汉字在明初的简化字与异体字、我国民间的书法、篆刻艺术，我国姓氏文化在明初的演变以及明初实行的责任制等，提供了翔实的第一手资料。

通过对城砖铭文的研究，还能发现不少明以前烧制的城砖和一定数量明以后的为修葺城墙而烧制的清代城砖，为我们认识南京城墙的发展和变迁，提供了实物佐证。

明代南京城集我国古代城池建设之大成，其平面布局突破我国都城方正的传统，从军事防御出发，因地制宜，使城墙穿插在自然山水之间，雄伟、古朴，迤逦曲折，蜿蜒起伏，形似蛟龙，山水城林，相得益彰。是我国劳动人民智慧和血汗的结晶，是中华民族的伟大创造和骄傲，也是普天之下城池建筑史上的雄伟奇观。

阅读链接

在南京城墙中有一段百余丈长的城墙，传说这是朱元璋的一位宠臣负责督造的。这位大臣平时不把造城墙的事放在心上，眼看到最后期限只剩十来天还未完工，时间根本来不及了。

这位大臣急坏了，想出一个主意，用大毛竹把这百余丈地方搭成一个大栅栏，筑在城外一道宽阔的河边上。

完工的期限到了，朱元璋带着文武大臣从聚宝门一路巡查，由于河道太宽，谁都没有发现问题。大臣刘基还夸赞道："皇上，城外挖一道护城河，这个办法太好了！应该命令城外都挖，与这里连接，出入城门要过桥，岂不更加安全！"

朱元璋一时高兴，赏赐了那个宠臣。可事隔不久，事情败露，朱元璋大发雷霆，以欺君之罪杀了那宠臣等一帮人，重新补筑了那段城墙。

见证古老历史的西安城墙

　　西安，在西周时称为"丰镐"。丰镐是周文王和周武王分别修建的丰京和镐京的合称。

　　至西汉初年，刘邦定都关中，取当地长安乡之含意，立名"长

■西安城墙护城河

■西安城墙上的城楼

安"，意即长治久安。丝绸之路开通后，长安成为东方文明的中心。史称"西有罗马，东有长安。

隋代，隋文帝杨坚曾被周明帝封为"大兴都公"，因而将长安命名为"大兴城"。

581年，隋文帝杨坚建立隋朝，并于第二年命著名建筑家宇文恺开始在龙首塬北麓修建了大兴城。

大兴城规模庞大，结构严密，除环绕城市的外郭城城墙外，城内环绕宫城和皇城也筑有城墙，形成"城中有城"的格局。

唐王朝建立后，隋代的大兴城再次改名为长安城，并仍以那里为首都。

654年，唐高宗委派工部尚书闫玄德负责，在春秋两季，先后修建唐城外部城墙和东、西、南三面的九座城门及城楼。外部城墙周长36.7千米，其宽9米至12米，高5米多。

在这时，长安城全城面积84平方千米，规模宏大，布局严整，南北向大街11条，东西向大街14条，全城划分109个坊和东、西两市。

正如白居易所描述的：

百千家似围棋局，十二街如种菜畦。

唐城，成为当时普天之下最大的都城。

唐末，使长安城受到毁灭的，是朱温迫使唐昭宗迁都。朱温不仅使皇帝百官和士民百姓迁徙，还拆毁长安的宫室、百司及民间庐舍，拆下的木材都由渭河和黄河顺水而下，运到洛阳，使唐城沦为废墟。

之后，留守长安的佑国军节度使韩建出于军事防守需要，改建长安城，放弃了外郭城和宫城，把长安城缩小到皇城之内，以皇城城墙作为长安城的城墙，但对城墙并未扩大或改修。

以后历经五代的后唐、后晋、后汉、后周到宋、元两代，长安城的名称和建制虽屡有变换，但城墙规模却没有改变。直到元代时期，西安城称为奉元城，为西北边境的一座重镇。

丝绸之路 是指起始于古代我国的政治、经济、文化中心长安，并连接亚洲、非洲和欧洲的古代路上商业贸易路线。它也是一条东方与西方之间经济、政治、文化进行交流的主要道路。它的最初作用是运输我国古代出产的丝绸，因而被命名为丝绸之路。

■西安城墙和城楼

■西安城墙上的大道

1369年，明代大将军徐达率军从山西渡河入陕，占领奉元城。不久，明朝改奉元为西安府，意为"西方长治久安"，这就是西安得名的开始。

从此，西安城也开始了在明时期的统治，拉开了明王朝在西安修筑城墙的序幕。

明太祖朱元璋非常重视西安的地位。在建都地点未确定以前，朝臣也多次建议利用关中形势建都西安。朱元璋特别派皇子巡视西安察看建都之事。后来，朱元璋又将次子朱樉封为秦王。

当时，明代的筑城风气非常盛行，现在保存下来的许多大中小城市的城墙大多是那时建造的，在民间尚流传着"汉冢唐塔猪（朱）打圈"的俗语。

由于西安在历史上的政治、军事地位极高，所以，明王朝在对全国广筑城墙的过程中，对西安城墙的修筑更为重视。

朱元璋任命长兴侯耿炳文和都指挥使濮英主持修

都指挥使 古代官名。宋末有行在都指挥处置使，为临时差使。元置各军都指挥使与兵马指挥使司，设都指挥使、副都指挥使等官。明置卫所于各地，以都指挥使司为常设统率机构，简称都司，长官都指挥使为地方最高军事长官，属朝廷五军都督府。

筑西安城墙。从1370年至1378年，历经八年，西安城墙的修筑才全部竣工。

修好的西安城墙，高大坚固，西南两面城墙基本上和唐长安城皇城的范围相同。东北两面城墙分别向外扩移了13米。

这座城墙的外形是一座长方形，东墙长2590米，西墙长2631米，南墙长3441米，北墙长3241米，周长13千米多，墙高12米，顶宽12米至14米，底宽15米至18米。城墙四角各有角墙一座，城墙外有城壕。

城门有四座，东面长乐门，西面安定门，南面永宁门，北面安远门。每门城楼三重，闸楼、箭楼、正楼。正楼高32米，长40米，为歇山顶式，四角翘起，三层重檐，底层有回廊环绕，古色古香，巍峨壮观。

最初的西安城墙采用黄土夯打而成。在城墙墙基和墙顶还分别有一层厚0.8米和0.45米的三合土层。这

■西安古城墙

种三合土用黄土与石灰、糯米汁、猕猴桃汁拌和而成。干燥之后，坚硬如石，用镐都刨不动。

整个西安城以城墙为主体，包括护城河、吊桥、城门、闸楼、箭楼、正楼、马面、敌楼、垛墙、角楼和马道等一系列军事设施，构成严密完整的冷兵器时代的防御体系，为古城的防护穿上了层层甲衣。

护城河也叫城壕，是第一道防线，它可以阻滞敌人进攻，甚至可以利用其有利地形消灭敌人。环绕西安城墙的护城河是通往西安城的第一道重要关口。

跨过护城河就是城门，而连接护城河与城门的唯一通道就是吊桥。吊桥的桥头两侧有铁环，贯以粗大的铁索与麻绳，系在闸楼上，用滑轮控制升降。

平时，守城士兵早晨降下吊桥，开启城门。晚上升起吊桥，断绝交通。一旦发生战争，吊桥升起，城门紧闭，城门就成为坚固封闭的战斗堡垒。

城门是城防体系的重点，也是薄弱点。平时，它是出入城镇的通道。战争时，又是攻守双方争夺的首要目标。因此，明代十分重视完善城门防御设施，尤其是采用了券拱式城门。

明代以前，城门沿袭砖门的过梁式结构。从军事角度看，这种城门的最大弱点是经

■ 西安古城楼

不起火攻。因此，城门上往往要设置水池以防敌人火攻，也因此留下"城门失火，殃及池鱼"的成语。

券拱式城门的出现从根本上解决了这个问题，一色青砖结构不仅使得城门更加坚固，而且可以有效地抵御火攻。

在古代，双方作战，当敌人跨过护城河时，城门却又拦住了去路。所以，在攻城的一方常有几个人扛着粗重的木桩前来撞门，要花费好长时间才能将城门撞开，而有时也可能撞不开。

明西安城的城门非常坚固，门扇用厚达0.2米的木板制成，一扇城门重达3200千克。门扇上下横匝着九道宽0.2米，厚0.2米的铁条用来加固，每两道铁条的间隔处，钉有180枚四棱攒顶的铁蘑菇针，整个门扇上共有1800枚铁蘑菇针。

这样密集的钉群，挤密了门扇的木材，增加了门扇刚度，使箭矢无法射入。有的城门还在门扇后的城门洞内，设置了拒马桩、陷马坑、铁蒺藜等，进一步阻挡敌人进攻。

西安城墙现在的西安城墙共有城门18个，除明代在东、西、南、北有长乐门、安定门、永宁门、安远门外，还有勿幕门、朱雀门、含

固若金汤

明清城墙

飞檐 我国传统建筑檐部形式之一，多指屋檐特别是屋角的檐部向上翘起，如飞举之势，常用在亭、台、楼、阁、宫殿或庙宇等建筑的屋顶转角处。四角翘伸，形如飞鸟展翅，轻盈活泼，所以也常被称为飞檐翘角。其通过檐部上的这种特殊处理和创造，增添了建筑物向上的动感。

光门、玉祥门、中山门、尚德门、建国门、和平门、文昌门等，细数这些城门的名称来历，也从一个侧面反映了古城的沉浮盛衰。

为了提高城门防御的保险系数，城门实际上由三重组成，即闸楼、箭楼和正楼。

闸楼在最外，它的作用是升降吊桥，也叫"阙楼"或"谯楼"。象征门阙，兼用作打更。闸楼三面有城墙与主城墙相连，形成一个半月形的立体空间，叫"羊马城"。

敌人即使攻入闸楼城门，也好似进入瓮内，会受到来自四面居高临下的攻击，因此楼下这一空间也叫"瓮城"。

箭楼在正中，正面和两侧都有窗户，供射箭用。箭楼与箭楼之间用围墙连接起来的也叫"瓮城"，瓮

■西安城墙箭楼

城内可屯兵。无论敌人进入第一瓮城还是第二瓮城，箭楼均可发挥攻击作用。

正楼在最里，正楼上面的城楼是城门的主题建筑。城楼距地面高约32米，长43米，三重飞檐，四角高翘，回廊环绕，庄重稳健，是主将镇守指挥的所在。

033

城墙外侧，每隔120米有一个突出于城墙主体之外，宽20米，长12米的墩台，俗称"马面"。

■ 西安城墙和城墙上的箭楼

西安城墙上共有马面98座。之所以称为马面，据说是明代将城墙修筑的这种结构，形象地认为是由98匹马组成的军阵，98座墩台犹如昂首挺立的骏马，所以将马头的位置叫作马面。

马面上面的建筑就是敌楼，供士兵避风雨和储备物资。两个马面之间相距120米，正好形成一个立体交叉射击区域。也正是弓、弩、箭等古代远射程冷兵器的有效杀伤射程。而它的一面为60米，为"一箭之遥"。这样的布局便于从侧面射杀攻城的敌人。

城墙上外侧有矮雉，又称"垛墙"，整个西安城墙共有5984个矮雉。垛墙上有垛口和方孔，可供射箭和瞭望。内侧的矮墙称为"女儿墙"，墙高1米，没

弩 一是古代的一种冷兵器，出现应不晚于商周时期，春秋时期弩成为一种常见的兵器。它是一种装有臂的弓，主要由弩臂、弩弓、弓弦和弩机等部分组成。虽然弩的装填时间比弓长很多，但是它比弓的射程更远，杀伤力更强，命中率更高，对使用者的要求也比较低，是古代一种大威力的远距离杀伤武器。

■ 西安城墙近景

有垛口，它的作用是为了防止士兵行走时坠入墙下。

在西安城墙四角各有一座城楼叫"角楼"，在这四个角楼中，唯独西南角的角楼是圆形的，其他三个角都是直角，这就又成了西安城墙的一大特色。那么，这是什么原因造成的呢？

一种说法是，西南城角处于地震带上，只要角台被人修成方形的，就会出现问题，最后没办法只能保留圆形。

另一种说法是，朱元璋自从接受"高筑墙，广积粮，缓称王"的建议，扫灭群雄，统一全国之后，深感"非深沟高垒，内储外备不能为安"。于是他令谋臣刘基和姚广孝主持设计城池的图样，以颁示天下如图修造。

刘基和姚广孝两人领命后，反复商讨，多次修改，最后按照传统形式画成矩形图案，不料朱元璋看罢觉得不妥，便说："自古筑城虽有一定规矩，但根据我的经验，凡事切莫墨守成规。《礼记》云：'规矩试设，不可欺以方圆'。还是改动一下为好。"

说罢，便提起笔，将矩形图案一角抹去。于是，由皇帝御笔改动的城池图式诏示天下，据说明代所建之城大都遵照此式。

还有一种说法认为，当初规划西安城墙时，四个

中轴线 我国古代大型建筑群平面中统率全局的轴线称为"中轴线"，我国是唯一一个在建造建筑物的时候讲求中轴线的国家，而且成就也是最为突出。

《礼记》 我国古代一部重要的典章制度书籍。该书编定是西汉礼学家戴德和他的侄子戴圣。到唐代被列为"九经"之一，到宋代被列入"十三经"之中，为士者必读之书。

角均呈直角，但后来处理墙基时，于西南角意外地发现了古唐城遗址，遗址呈半圆形，为了省时省工，于是便利用了原地基。

这种说法听起来似乎有一定道理，但如果以小雁塔等唐代建筑物为坐标，结合唐长安城坊大小，街道宽窄，推算出西安城与唐长安城的位置毫无关系。

还有一种说法，我国传统建筑受八卦和风水观念影响，建筑物之间不能过于对称。如衙门、庙宇和居民住宅，前门不得与后门对称，前后门垂直中轴线必须错开一定距离。正是这种"不对称性"对建筑物的要求，决定了西安城墙的四个角必须有一个不是直角。

在箭楼与正楼形成的瓮城中，有同向城头的马道。缓上没有台阶，便于战马上下。全城共建有登城马道11处，登城马道底部道口的门是朱漆的，俗称"大红门"。

在战争期间，这里是调兵遣将的咽喉要道，必须保证畅通无阻。为防敌人奸细混入城墙守卫部队中，

八卦 起源于人文始祖伏羲，它表示事物自身变化的阴阳系统。用"—"代表阳，用"--"代表阴，用三个这样的符号，组成八种形式，叫作八卦。每一卦形代表一定的事物。乾代表天，坤代表地，坎代表水，离代表火，震代表雷，艮代表山，巽代表风，兑代表泽。

■西安城墙雾景

■ 西安古城墙

登城马道戒备严密，不许闲杂人等靠近逗留。等到军中禁夜炮响后，铁门便紧锁了。

此外，西安城墙的排水系统也是非常科学的。原城墙顶部外沿高而中间低，由两边外侧向中线倾斜六度，每隔40米至60米，在内侧开一排水口，水口下接一个附贴在内城墙上的竖排水槽，槽底吐水口下设滴水池。即使是下暴雨，雨水也能汇集于城头中线，并从水口沿水槽迅速排下。同时，城头地面向中线倾斜也具有安全感。

明代西安城墙曾是一个庞大而精密的军事防御体系，显示了我国古代劳动人民的聪明才智，它以悠久的历史，伟岸的雄姿，神秘的色彩吸引了八方游客，也为我国历史专家们研究明代的历史、军事和建筑等提供了不可多得的实物资料。

西安城墙自明代初年建成后，历代屡有修葺。1568年，陕西都指挥使张祉又为原来的城墙内外包砌了青砖。

巡抚 明清时地方军政大员之一，又称抚台，负责巡视各地的军政、民政大臣。清代巡抚主管一省军政、民政。以"巡行天下，抚军按民"而名。巡抚兼都察院右副都御衔，从二品，加兵部侍郎衔，正二品。

1781年，陕西巡抚毕沅也对城墙进行了大规模补修。他指挥建设者沿旧城墙先围基石后灌脚，再用黄土逐层夯打，至顶部铺砌青砖，并对整个城墙外壁加厚砖面。城墙内每隔40米至60米，则用青砖砌筑水槽一道，排除城墙顶面雨水，这些对西安城墙的长期保护起了重要作用。

西安城墙建筑

西安城墙自明代重建以来，由于经历了朝代更迭及战火的蹂躏，从清代起，城墙四周陆续辟券门、豁口多处。为了保护这座城墙，之后又完善了城墙上的排水系统，逐步恢复了敌楼和垛口。

引黑河水经曲江池和兴东湖入护城河，像一条银链围绕着城墙。护城河两岸植树后形成环城林带。花草遍布城墙之下，不仅为古城增添了无限风光，也让古城墙重新焕发了生机。

西安城墙蕴含着哲学、建筑、规划、风水、地理、军事等方面丰富的知识。包含着过去岁月的信息留存，是古老历史的活的见证。

阅读链接

关于西安城墙西南角的角楼是圆形的，其他四个角都是直角的原因，在当地还有一个传说。

相传在明代城墙修建之前，西安有位王姓老太太，满头白发，却一直都遭受儿子和儿媳的折磨，最终饿死在街头。

当地的父母官得知此事之后，就下令在西安城墙西南角台附近，将老太太的儿子和儿媳问斩，以儆效尤。大家认为两人无德不孝，方形代表着堂堂正正做人，所以在修建的时候并没有将此角楼改成方形。

有第一城池美誉的襄阳城墙

襄阳古城墙位于汉江南岸,襄阳的中心。这里三面环水,一面靠山,是一座山清水秀,景色宜人的古城。

城西3.5千米处,万山北临汉水,南与顺安山相接,组成襄阳西部屏障。城南3.5千米处,则有岘山设险,组成南部屏障。城北则俯控汉水,与樊城夹江相望,互相联络声援。

襄阳依山傍水,互相联络,构成一个严密的防御体系。在襄阳城

■襄阳古城墙

池的外围，还有牛角堡和古城堡等众多的外围据点，有力地拱卫着襄阳城池，成为襄阳防御体系的第一道防线。

襄阳古城墙和旁边的民居

据史料记载，襄阳城墙始建于汉代，那时的城墙为夯土所砌，宋代开始使用城砖。南宋时期，襄阳地区硝烟四起，为了增强城墙的防御功能，又修建了瓮城、敌台、弩台等。

襄阳城墙在宋至元代时期发挥了重要的作用，在城池建设史上影响有一定影响。襄阳城墙自南宋时改为砖城，其东、南、西三面的护城河非常宽阔。汉水自东、北、西绕道南流，南部则是险峻的岘山山系。

其实，早在春秋战国时期，楚王问鼎中原之后，襄阳就成了楚国重要的军事关口北津戍。三国时期，荆州牧刘表将首府从江陵迁至襄阳。襄阳成为历代兵家必争之地，据史料记载，在襄阳发生的战争不下200次，很多战争的进程因为城墙而改变。

问鼎中原 传说古代夏禹铸造九鼎，代表九州，作为国家权力的象征。夏、商、周三代以九鼎为传国重器，为得天下者所据有。问为询问，鼎是古代煮东西的器物，三足两耳。在上古时期鼎代表统治者的生杀大权。中原即为黄河中下游一带，指疆域或领土。问鼎中原被用来比喻企图夺取天下，或夺得了天下。

■ 襄阳夫人城

符坚（338年—385年），字永固，又字文玉，小名坚头，氐族，十六国时期前秦的君主，符坚在位前期励精图治，重用汉人王猛，推行一系列政策与民休息，加强生产，终使国家强盛。符坚终年48岁，谥号宣昭，庙号世祖。

378年，前秦王符坚为灭东晋独霸中原，命长子符丕率领十几万大军，分四路围攻襄阳。襄阳守将朱序认为，襄阳城三面环水，一面依山，易守难攻，并且前秦的军队全是北方人，不善水战，不可能从汉水北岸的樊城渡江攻取襄阳，并不在意。

朱序的母亲韩夫人，早年跟随丈夫朱焘南征北战，行军布阵，样样精通。一天，韩夫人登城巡视，检查防御工事。她感到，敌人在东南面久攻不下，肯定会改变战术，避实就虚，从西北面进攻，而西北角一带防御薄弱，很容易被前秦军攻破。由于城中兵马不足，韩夫人便带领家婢和城中妇女修筑了高2丈、长20丈的内城。

果不其然，符丕率兵直扑襄阳城西北角，韩夫人新建的内城成为东晋军坚守的屏障，最终保住了襄阳城。韩夫人巾帼不让须眉，筑城守护襄阳一方平安，后人为了纪念韩夫人，就将新修的这段城墙尊称为夫人城，并建亭、立碑和塑像。

襄阳北据汉沔，东连吴会，西通巴蜀。南宋抗金名将岳飞视襄阳为"恢复中原之根本"。清代著名学者顾祖禹在其《读史方舆纪要》一书中对襄阳、武昌、荆州三个重镇在湖广形势中的不同地位曾作过一番分析比较，结论为：

> 以天下言之，则重在襄阳；以东南言之，则重在武昌；以湖广言之，则重在荆州……三郡相较，襄阳殆非武昌、荆州之比也。

宋孝宗时，襄阳增修城池：

> 楼橹、雉堞委皆壮观，止其中炮台、慢道稀少，缓急敌人并力攻城，缘道远，援兵难以策应。后又增筑炮台四座，慢道十一条。

■襄阳古城墙一角

历史开关

千年古城墙与古城门

■ 襄阳护城河

火器 我国古代火药兵器的简称。包括火箭、火球、火枪、火炮、地雷等。我国是世界上创制和最早使用火器于战争的国家，我国古代兵器以冷兵器为主，火药的发明，在军事理念、军队编制等方面都产生了深刻影响。火药起源于我国古代的炼丹术，将火药用于兵器制造并投入实战，在我国约开始于唐代末年。

便于城内军队迅速登城支援作战。从北宋的弩台发展到南宋的炮台，从一个侧面也反映了宋代守城战争中的火器发展与应用。

保存下来的城墙基本上是在明代建造的，外砌城砖，内用土夯筑。东、西、南、北城墙分别长2.2千米、1.6千米、1.4千米、2.4千米，城墙均高8.5米，宽5至15米。

共有六座城门，东门为"阳春"，南门为"文昌"，西门为"西成"，大北门为"拱宸"，小北门为"临汉"，东长门为"震华"，城门由明万历年间的知县万振孙题额。

除了六座城门之外，另有四座角楼，名为王粲楼、狮子楼、魁星落，其中三座角楼皆已颓圮，只在后来重建了王粲楼。

在襄阳城中心处有鼓楼，又称昭明台，于南街设有谯楼，城内建筑相互呼应，构成一个完备的古代城池功能整体。

1625年，知县董上治再题额：东门为"保厘东郊"，南门为"化行南国"，西门为"西土好音'，北门为"北门锁钥"。整体上依然保留着古代城市的基本格局和双层防御体系。

1628年，都御史赵兆麟和檄副史苏宗贵重修西门城楼，知府冀如锡重建南门城楼，同知徐腾茂、张仲重修大北门、小北门城楼，知县董上治重建东门城楼。雍正年间，副史赵宏恩重建仲宣楼于城东南角。到了光绪时期，因久经风雨，城垣多处坍塌，知县吴耀斗领修。

总体而言，襄阳古城墙主要具有三大特点，都和水有关。

一是北面有三座城门连着汉江，直接作为码头使用。正是因为有着便利的水运交通，襄阳成为明清时期重要的货物集散地。

二是有普天之下最宽的护城河。我国从北至南，到了襄阳，地表水骤然丰沛。而只善陆战不善水战的

护城河 也称濠，是古时由人工挖凿的。环绕整座城、皇宫、寺院等主要建筑的壕沟，然后引水注入形成人工河，一方面维护城内安全，另一方面阻止攻城者或动物的进入，这是古人在防御手段上对水的妙用。

知县 秦汉之后，将县令为设为一县主官。宋朝时常派遣朝官为县的长官，管理一县行政，称"知县事"，简称知县，如当地驻有戍兵，并兼兵马都监或监押，兼管军事。元代县的主官改称县尹，明、清以知县为一县的正式长官，正七品。

■襄阳古城

北方民族，在历次南侵过程中，兵临军事重镇的襄阳城下，往往会望水兴叹。

聪明的襄阳人逐步认识到水的城防功能，护城河在战争间隙一次又一次被拓宽和掘深。城高池深，成就了"铁打的襄阳"。

为了调节护城河的水位，开渠引檀溪水注入护城河，并且在渠首设闸门，由于此闸在放水时有呼呼的响声，百姓称此闸为"响水闸"，南堤上响水洞村就是以此而得名的。

同时，过去的人们在城的东北建泄水闸一座，护城河水大或下暴雨时，开闸放水泄入襄江。通过这两个闸的启闭，控制护城河的水位，使它相对稳定，城东北"闸口"的称呼，就是因此而得名。

三是襄阳城墙的东、南、西三面城门外还建有子城。子城四周环水，并且与护城河水连成一体。子城与主城门之间靠吊桥通行，扼住了进城的咽喉要道。

■襄阳古城墙

后代史学家对襄阳的军事战略地位有这样的总结：

> 襄阳为楚北大郡……代为重镇，故典午之东迁，赵宋之
> 南渡，忠义之士，力争上游，必以襄阳为扼要；晋之平吴，
> 元之伐宋，皆先取襄阳，为建瓴之势。

因城墙坚固，城高池深，易守难攻，素有"铁打的襄阳"和"华
夏第一城池"的美誉。

建方形卫城的兴城古城城墙

兴城古城背倚辽西丘陵，南临渤海，雄踞辽西走廊中部的咽喉之地，是辽东地区通往中原的交通要道。这里有我国保存最为完整的四座明代古城之一，也是我国唯一的一座方形卫城。

早在辽代，就在这里设置了兴城县，后来，1428年明朝政府在此

■兴城古城钟鼓楼

■ 兴城古城墙上的
魁星楼

设卫建城，赐名"宁远"，清代称宁远州城，后来又重新启用兴城之名，并一直沿用。

在明朝时，为了巩固对东北地区的统治，防御蒙古部落和女真人的侵扰，朝廷下令在山海关外"只设卫所，不设州县"，先后设立了25个卫，实行军政合一式管理，宁远卫就是其中之一。

1428年，镇守辽东总兵官巫凯、都御史包怀德及镇守辽东太监王彦联名奏请朝廷修筑宁远城，两年后工程竣工，当时称宁远卫城。

宁远卫驻军5600多人，守城士兵战时出征，平时屯田劳作，家属也随军士从全国各地前来定居，后代逐渐繁衍。卫的长官称卫指挥使，即一卫的军事长官，又负责审理所辖地区的民事案件，这种特殊的军政体制给宁远城增加了神秘的色彩。

1626年和1627年，明代守将袁崇焕以不足两万人

卫所 我国明朝时的军队编制实行"卫所制"。军队组织有卫、所两级。一府设所，几府设卫。卫设指挥使，统兵士五千六百人。卫下有千户所，千户所下设百户所。各府县卫所归各指挥使司都指挥使管辖，各都指挥使又归中央五军都督府管辖。

■兴城古城钟鼓楼

兵力击败努尔哈赤和皇太极的两次进攻，史称"宁远大捷"和"宁锦大捷"。之后，时任兵部主事的袁崇焕又主持修复并重建了宁远城。

清代入关之后撤卫建州，宁远卫城改称宁远州城，宁远州管辖山海关以东至锦州以西的广阔区域。

后来，又因宁远与湖南、山西和云南等省的宁远州重名，经当时的内务部批准，恢复使用辽代的兴城县县名，宁远城也就随之称为兴城。兴城城墙就是兴城古城的主体建筑。

兴城城墙整体为正方形，城墙基础用条石，外墙用青砖砌成，内墙用不规则块石垒砌，中间用夯土所筑。城墙顶端外沿筑有垛口，守城官兵可以以此护身、瞭望和射箭。内沿筑有女儿墙，高度低于垛口，起着加固城墙的作用。

用于人们行走的砖面称"海墁"，海墁为青砖铺就，中凸外低，便于排水和减轻城墙的承重压力。

城墙四面的正中各设城门，东为春和门，南为延辉门，西为永宁门，北为威远门。城门上修筑了箭楼，俗称城门楼和城楼，为两层楼阁建筑，重檐高耸、气势巍峨。

城门旁边分别有坡形马道，供人员的上下城墙，城门外均有半圆形瓮城，与城墙连为一体。

兴城城墙东南角上建有魁星楼一座，其他三个拐角处都设有角台，明清时，在角台上架设火炮，平时角台上也有士兵驻扎，以加强对城墙的防御。

距离魁星楼不远处的城墙底端，有水门洞一个，是明代的排水设施。古城内的四条大街，是古城的主干道，他们因四座城门而得名，分别称为春和街、延辉街、永宁街和威远街，城中百姓根据方位分别称为东街、南街、西街和北街。

街道两旁分布着许多老字号店铺，其中以南街最为集中，因此有"明代一条街"的美誉。

四条大街呈十字形规则分布，因此又统称为十字大街，十字大街的交叉点坐落着一座钟鼓楼。钟鼓楼与城墙的四座城门箭楼遥相呼应，为二层楼阁建筑，登临楼顶，城墙和古城内的景观尽收眼底。钟鼓楼是

兵部 古代官署名，六部之一，其长官为兵部尚书。兵部又称夏官、武部，兵部尚书又称夏卿。明代兵部尚书号为"本兵"，权最重，凡武卫官军选授简练，均为其掌。清代兵部只管武职选授、处分及兵籍、军械、关禁、驿站等事，不涉兵权。

固若金汤

明清城墙

■ 兴城城墙北门

袁崇焕（1584年—1630年），字元素，一说字自如，是明末著名军事家、文学家、抗清名将。先后取得了宁远之战、宁锦之战、广渠门之战等胜利。

简瓦 用于大型庙宇、宫殿，的窄瓦片，制作时为筒装，成坯为半，经烧制成瓦，一般以黏土为材料。筒瓦为阳瓦，覆盖屋顶时，舌端朝上，相互叠扣。它与板瓦、瓦当相配，用于重要的建筑物上。

■ 兴城古城箭楼

古代城市的报时中心，时称晨钟暮鼓。

在明与后金军队征战期间，镇守宁远城的明军主帅袁崇焕就坐镇钟鼓楼指挥作战。

兴城城墙的建筑面积虽然不大，但其独特的设计和构造，成为明代抵御北方放牧民族的一道坚强屏障，为边防保卫起到了极其重要的作用。

除此之外，兴城城墙还具有独具特色的建筑风格和厚重的人文历史文化景观，具有重大的历史价值。

明代在修建兴城城墙时，考虑到军事防御的需要，就设置了角台等军事设施，其中特别值得称道的是半圆形的瓮城和便于人马通行的坡形马道。

瓮城建筑于四座城门外侧，呈半圆形，与城墙同时兴建。瓮城突出城门之外，既体现建筑美学，又可保护城门在战斗中不被敌人轻易接近与破坏。

在实战中即便敌军攻破了瓮城城门，在城墙上的守军仍能以极快的速度组织调度，居高临下从四面向城下还击，而敌军一旦身陷半圆形的瓮城之内，人马很难脱身，成语"瓮中捉鳖"可以说是对瓮城功能最生动的描述。

兴城城墙四座城楼的造型体现出明代北方的建筑风格，它的砖木结构是我国传统的建筑特点。城楼建在拱形的城门洞之上，与钟鼓楼一样是一座二层楼阁建筑，面阔8.9米，进深4.5米，内有楼梯登楼，建筑形式为重檐歇山顶，城楼顶端为青色筒瓦和板瓦覆盖，正脊两端有吻兽装饰，戗脊上的垂兽和檐角前部装饰的跑兽神态栩栩如生。

按照明代的城墙规制，不同级别的城楼上装饰的跑兽数目是不一样的，宁远卫城城楼檐角装饰的跑兽有天马、海马和狮子三种，其中，天马、海马是吉祥的化身，狮子则代表勇猛和威严，它们的寓意与这座军事防御型城墙的特色可谓不谋而合。

■兴城古城楼

兴城城墙的内壁也很有特色。为了使城墙坚固，具有强大的支撑力，避免内心的夯土松动，城墙在建筑之初就用不规则城石砌筑内壁，然后将壁面凿平，所以称为"毛石墙"。

由于石料大多是就地取材，远望去颜色近似虎皮，所以又被称之为"虎皮毛石墙"。

兴城城墙是我国古代城市规划的典范。从建筑上讲，兴城城墙选址得体，恰好处在山水围河的平原地带，十分有利于形成良好的生态环境和局部小气候。

背山可以抵挡冬天北来的寒流，抱阳可以得到良好的日照，近水可以保障生活及灌溉供水，还可以防止风沙侵袭，对城内居民十分有利。

吻兽 一种装饰性建筑构件，传说可以驱逐来犯的厉鬼，守护家宅的平安，并可冀求丰衣足食、人丁兴旺。在正脊两端的称为正吻，根据其形象的不同又可称为鸱尾、鸱吻或吻兽；在垂脊和戗脊端部的称为垂兽和戗兽；在转角部岔脊上的众多小兽称为仙人走兽；仔角梁头上有套兽；重檐屋顶的下檐正脊在转角有合角吻兽。吻兽并非单纯为了装饰，这些小兽在结构上稳固了屋脊和瓦垄，是中国古代建筑不可缺少的一部分。

■ 兴城古城鼓楼

　　我国古代的传统哲学思想在兴城城墙的规划和建筑中，体现得淋漓尽致。兴城城墙建成正方形，是取传统宇宙观的"天圆地方"，予以大地沉稳和永无销毁之意。兴城城墙的周长及城门数、街路数均为偶数，体现了古代哲学中的思辨思想。

　　兴城城墙东南角处，有座魁星楼，里面供着一手拿斗一手拿笔的魁星。

　　那时，宁远州南门外住着个姓程的粮行掌柜，号称"亏心鬼"，干尽了坏事。一年，亏心鬼去城墙东南角的魁星楼去观楼，但是他魁和亏不分，便指着魁星楼问一个老秀才："它怎么叫亏心楼呢？"

　　老秀才一见是亏心鬼，便气不打一处来，就道："里边是亏心神，生前亏心事干得太多了，死后就成了神！阎王给了他一个斗，去量一个人的亏心程度。亏心大的他用笔点一下，晚上牛头马面就会来抓他入地狱，上刀山、下油锅，最后打断他的腿！"

　　亏心鬼一听可真吓坏了，恰巧一阵风吹来，吹动了笔下的转盘，正好指向亏心鬼，亏心鬼以为魁星要点他，竟然跑回家叫了三天三夜，活活地吓死了。

兼具防水功能的临海城墙

我国的城墙，非常注重地形的选择，往往依险而筑。如果在山地，则多建在山脊或陡崖上，使之更加高峻难攀。如果在平地，则通常选择江河沿岸，以形成江河和城墙两重障碍。

浙江临海城墙上城楼

■临海城墙一角

　　浙江台州临海古城墙的营建，就充分考虑了地理环境。我国人文地理学的开创者、明代临海人王士性在《广志绎》中以两浙"十一郡城池，唯吾台最据险，西、南二面临大江，西北巉岩插天，虽鸟道亦无"的描述，简洁地勾勒了它险要的地貌。

　　城墙的北面在北固山上随势逶迤。北固山，旧称龙顾山，因其山形酷似一条首尾相顾的卧龙而得名。此山山形险要，自古以来就是临海的天然屏障，固若金汤，所以又被称为大固山，又因其横贯临海城的北面，多称之北固山。

　　北固山的西北角是山的最高处，西面城墙从这里开始南向急下，下至山脚便是城的西门朝天门。从朝天门开始继续南伸，然后转而向东，直至东城墙，西、南两面统统濒灵江而筑。

　　灵江如一条巨大的玉带，箍在古城的腰际，成为古城天堑。城墙砖砌，周长约6.3千米，平面大体呈方形，因东墙被拆，为"C"字形半围合状。北墙长约2.3千米，是后来在原墙的墙基上重修而成的。西、南两面沿江城墙长约2.4千米，高度一般为7米，有靖越、兴善、镇宁和朝天四门瓮城。

　　城墙以主体墙身为线，以敌台、城门瓮城为重点，点线结合、以点护线，形成了完整的防御体系。墙身是防御敌人的主体，断面上小下大成梯形，使之稳定不易倒塌。城墙外侧迎敌方向筑有齿形垛口。

每个垛口的上部有一小口叫瞭望口，用来瞭望来犯的敌人。垛口下部有一小洞，叫作射眼，用来射击敌人。内侧筑有较矮的女墙，以保护人马不至于从墙顶跌落城门。

敌台分为两种，一种是骑墙的空心敌台，一种是凸出一部分于墙身以外的墙台，俗称马面。空心敌台是明代戚继光的创造，骑墙而建，高两层，有梯相通。上层为平台，平台四周有齿状的垛口和射孔，有指挥和防御的双重作用。

下层为空层，可驻军和贮存武器。马面外侧砌有垛口，战时可从侧翼射杀敌人，阻止或削弱敌方的攻城能力。

城门平时是进出的通道，战时是反击敌人的出口。门洞内装有巨大木门。城门上方筑有城门楼，是战斗时的观察所和指挥所，也是战斗据点。

在预想敌人主攻方向的城门外则筑有"∪"形的瓮城，大城外套了个大瓮般的小城，增大了防御纵深，加强了城门的防御能力。

临海是诸水交汇之地，又近东海，一旦出现暴雨，兼以东海大潮倒灌，不得流泄，必成汪洋。历朝

戚继光（1528年—1588年），字元敬，号南塘，晚号孟诸，山东登州人，祖籍安徽定远。明代著名抗倭将领、军事家，与俞大猷齐名。率军之日于浙、闽、粤沿海诸地抗击来犯倭寇，历十余年，大小80余战，终于扫平倭寇之患，被誉为民族英雄，卒谥武毅。世人称其带领的军队为"戚家军"。

■浙江临海城墙门洞

历代，水灾频繁，其严重程度令人毛骨悚然。

洪水甚至比战争更加威胁着古城，元代学人周润祖在《重修捍城江岸记》中就曾明确地指出：

台固水国，倚城以为命。

也正因此，古城在宋元交替之际逃过了一场大劫。元统一全国以后，担心各地割据抵抗，因此下令尽堕天下城郭，而台州府城临海恰恰例外，就是因为它还具备了防备水患的功能。

从某种意义上说，府城城市防洪的作用和地位总体上还要超过军事防御功能，所以古城构造因防洪需要变得极其独特。

一是城门构造独特，除采用大木门启闭外，在木门外侧做好防洪闸槽，每逢大水，便用槽木叠闭。此外，为防城门进水，大门的高度均明显高于城门的拱券。

二是马面构造独特。普通马面都呈方形外凸之状，唯独临海不然，在西南临江迎水一带的马面，采用方弧结合或方斜结合，迎水面

■ 浙江临海城墙上小道

做成圆弧或斜形，这对军事防御不会造成多少影响，但大大降低了江水的冲击力。这就充分显示了临海人民的创造性，在全国古城墙中尚属孤例。

三是在西、南两面沿江一带城墙的外侧固以捍城，内侧则加筑护城，以增强其防洪能力。捍城沿城角而筑，宽一米半、高两米左右。护城与捍城相似，但比捍城要高。捍城和护城是台州城一大特色，大多城池没有这一形制。

■ 浙江临海城墙上的炮台

城市防洪功能，不但使台州府城在构造上独树一帜，更因其功能的特殊性避免了出于政治需要的毁城行动，延续了古城历史的完整性，被誉为"江南长城"。

"不上古城走，枉在江南游"，飞舞盘旋的古城墙是一道亮丽的风景线，镶嵌在古城中心。

这座江南长城，从东北角的览胜门出发，穿过"雄镇东南"石牌坊，登上198级的好汉坡，便是雄伟的览胜门，门上有楼，楼名"顾景"。

览胜、顾景，说得不虚。回首四顾，视野开阔，远可观巾山叠翠，群塔笔立，近可赏东湖毓秀，车水马龙，湖光山色一览无余。

从顾景楼往前，便是江南长城最为陡峭的"百步峻"。上了百步峻，一座高楼巍然耸立，虎踞龙盘，便是城墙东段的最高点白云楼了。楼高多白云，常在飘渺中，令人心驰神往。

牌坊 又名牌楼，为门洞式纪念性建筑物。是封建社会为表彰功勋、科第、德政以及忠孝节义所立的建筑物。也有一些宫观寺庙以牌坊作为山门的，还有的是用来标明地名的。同时牌坊也是祠堂的附属建筑物，昭示家族先人的高尚美德和丰功伟绩，兼有祭祖的功能。

白云楼往下，山势渐缓，两侧古木苍翠，城墙掩映在青绿丛中，更显灵秀。雉堞连云，高高低低，曲曲折折，便如平平仄仄的长短句，骑墙的敌台，便做了它的句逗。一阕古词，便在山间婉转吟唱。

至北固门，过门百米，有一处三层九重环的白色建筑，是望天台。望天台是元末农民起义领袖方国珍筑台祭天称王的地方，一派皇家气象。一段远去的历史，传来悠悠回响。

从望天台沿城墙而下，便是烟霞阁。滚滚灵江，阁下而过。每当夕阳西下，霞光映射，水气如烟，烟霞阁因而得名。烟霞阁往下，山势陡峭，逶迤曲折，被誉为"江南八达岭"，岭脚即是朝天门。

到了朝天门，城墙不再踞山而构，而是傍江而筑。过朝天门，在墙上行走，便如履平地，非常轻松了。途中经望江门，再经镇宁门，然后至兴善门，侧绕巾山，达于靖越门，到灵江大桥附近。

■ 浙江临海城墙

■台州临海古城墙

这一段是古城墙中最具特色的部分，完好的城门及瓮城，构造独特的、为减缓水流冲击而设置的马面，令人驻足。

墙台上时不时出现一门威武的铁炮，隐隐传递几分争战的气息。墙外则是一派开阔平和的江南景致，灵江如带，波光闪烁。远山献翠，环抱而去。

古城墙不但自身就是一道风景，妙的是还把临海的主要景点串成一线，"平波数顷万峰前，一片丹青画不全。幽榭小桥横翠水，茂林修竹锁轻烟。"其中三个出口，每一个都通向一片风景。

北固门旁为城隍庙的出口。城隍庙历史悠久，香火旺盛，最引人瞩目的是庙旁一棵有着1400多年树龄的隋代古樟，虽被雷火劈过，却依然顽强地生长着，铁骨铮铮，叶茂枝旺，生机盎然。

朝天门外则是西门古街。西门古街是台州府城历史上西出通往杭金衢的必经之路，状元楼、迎春里、灵江酒坊等标志性建筑古色古香，百年老店重新开放，再现了千年府城浓厚的人文历史和当年繁华的商业盛况。

在兴善门外则是龙兴寺、紫阳古街和巾山。龙兴寺始建于唐，为鉴真大师第四次东渡扶桑住锡之地，又是日本佛教天台宗创始人最澄大师求法受戒的母寺，是中日文化交流史上一个重要的驿站。寺内千佛塔挺拔俊美，是台州唯一的元塔。

从龙兴寺往西十余米，便是紫阳古街。紫阳古街因紫阳真人而得名。紫阳真人即道教南宗祖师张伯端，为南宋台州人。长约千米的古街上，弥漫着古建筑、古石板路、古商店、古迹名胜、古民俗风情的"五古"之味，得慢慢品，才品得出滋味。

龙兴寺往上即是巾山。巾山古称"一郡游观之胜"，双塔参天，秀绝江南，名胜古迹众多。临海城墙恰似一壶浓浓的陈年老酒，在历史与文化的土壤里越埋越醇，扑鼻的香气吸引着越来越多的人前来领略它独到的风采。

阅读链接

戚继光和他的戚家军令"东南海寇，闻之胆寒"，此后百年之间海疆清平无扰。谭纶和戚继光的抗倭大捷，城墙起了很大的作用，朝野之间都有所闻。

到了1567年，北方游牧部落又频繁南下侵扰，于是朝廷计议修复京北长城来抵御北方敌寇。于是，谭纶和戚继光奉召回京指挥修城抗敌。

但是北方兵士没有建造空心敌台的技术，于是急调3000台州"南兵"来到北方，指导和监督，从此以后，包括"八达岭"长城在内的北方城墙也有了这些先进的设施。

从时间上说，是先有了临海古城墙，才有了明八达岭长城。从技术上说，临海城墙是明"八达岭"长城的范本。两段城墙，一脉相承，把临海古城墙称作江南"八达岭"是非常妥帖的。

衍生众多传说的寿县城墙

  安徽寿县古称寿春、寿阳、寿州，曾为历代州郡府治所。寿县古城墙，是我国保存最为完好的宋代城墙，明清时多有修葺。

  寿县为淮上军事重镇，兵家争夺之地，历代征战不息。寿县作为战略要地，2000多年来几经变迁，其城防设施随着军事技术的发展，

寿县城墙

也愈加坚固齐全。

据考证，寿县筑城始于楚迁都寿春之时，故城范围很大，北傍淝水，著名的秦晋淝水之战就发生在这里，战事尤为频繁惨烈。东临东津渡，西至城西湖，南至十里头，面积约25平方千米，是战国都城中仅次于燕国都城燕下都的第二大城。后来，因为年代久远，地貌变化，土城垣大多湮没于地下或破坏殆尽。

汉代以后，城址缩小至故城东北角，也就是寿县的城关一带，后代多沿袭其址。

保留下来的寿县古城墙型制，为南宋宁宗嘉定年间由建康的都统许俊重筑，外包砖石墙皮。几百年来，古城墙曾迭遭战争和洪水的破坏，历代均有修整，是我国保存完整的七大古城墙之一。

寿县古城墙平面略呈方形，旧有瓮城、谯楼之设，重关叠雉，制度森严。后来，楼台大部分已毁，但是城墙仍屹立于淮淝之滨，斑蚀剥离，历尽沧桑。

古城东南两面有护城河，北环淝水，西连城西

历史开关

千年古城墙与古城河

■淝水古战场纪念碑

湖，四隅有河，东北、西北隅各设水关一处。城置四门，东为宾阳门，西为定湖门，南为通淝门、北为靖淮门。

城垣保存完整，周长"十三里有奇"，大概在6.7千米左右。垛墙之下墙体高7.7米，底宽18米至22米之间，顶宽4米至10米。墙体以土夯筑，外侧贴砖，外壁下部用条石砌筑2米高的墙基。

城墙外壁贴砖石，底部1.5米，顶部为0.5米至0.8米，高1米。下部间隔2.8米设一高0.37米、宽0.2米的长方形射洞，射洞作壶门状，下口与城墙顶平。城墙砖石之间都是用糯米汁拌石灰等物弥合，非常牢固，旧有"铁打的寿州城"的称誉。

四门皆于城墙外再设瓮城，内外门洞均为砖石券顶结构。除南门外，东、北、西三门的瓮城门均与城门不在同一中轴线。

东为宾阳门，门内外两门平行错置，具有军事防御和防汛抗洪双重功能。

在宾阳门内，有五方大蛇吞象的石刻，这是寿州内八景之一的"人心不足蛇吞象"。

传说从前有个蟒蛇精违犯天条，玉皇大帝命雷公轰击它。蟒蛇精无处藏身，现出原形，化作小蛇蜷缩于尘土中。

适逢寿州城内穷秀才梅生郊游途中发现，将小蛇救起，带回家中喂养。春去夏来，小蛇逐渐长大，生活却日益艰难。

一天，梅生在大街上闲逛，见众人围观皇榜。原来是皇太后身染重病，御医医治无效，榜告天下，有能治好皇太后病症者，可做京官。梅生暗想，我如有灵丹妙药治好皇太后的病，即可一步登天。

他边想边走，不知不觉就走出了北门，来到郊外北山丛林中，突然狂风大作，一条巨蟒出现在眼前，梅生大惊，大蟒口吐人言："梅相公别怕，你从前救过我的命，今天我将报答。"

梅生这才记起自己曾救过一条小蛇，便说："区区小事，何云报答！不妨事的。"

蟒蛇道："当今皇太后病，你从我腹中割下一块心肝，即可治好太后的病。"

梅生犹豫，蟒蛇道："但割无妨"。

梅生即手持刀钻入大蟒腹中割下一块心肝离去。

梅生进京治好太后的病，皇帝大悦，封梅生为宰相，放假三月回乡祭祖，衣锦还乡。他转而想，荣华富贵皆过眼烟云，何不再向蟒蛇割一块心肝，以备日后自用，永保长生。

次日，梅生进入北山丛林寻得大蟒。大蟒此时已识破梅生乃良心不足之辈，念其曾救过自己的命，只得忍痛让其再割一刀。

梅生钻进蛇腹，意欲割下大蟒全部心肝。大蟒疼痛难忍，浑身抽搐，就用力把口一闭，梅生终于葬身蛇腹。后人将这件事称之为人心不足蛇吞象。

西瓮城门朝北，北瓮城门朝西，均与所在城门在平面上呈90度角，而东瓮城门与城门平行错置4米。

这种巧妙设置是基于军事防御上的考虑，即敌军突破瓮城后，需改变方向才能攻击城门，守军可乘机关门打狗，消灭瓮城内之敌。

在西瓮门城里，南北两壁上对称镶嵌着两方石

■寿县城墙

刻，一面是锣，对面是鼓。这就是"寿州内八景"之一的"当面鼓，对面锣"。

据说在清朝乾隆年间，寿州来了一位新知县，上任不久，看到古城墙西段年久失修，已经多处倒塌，于是下决心重修。

于是通告全县百姓，有钱出钱，有力出力，同心协力，修复城墙。不料告示贴出一个月，却不见动静，这是为何？

他哪里知道"捐款捐粮修城墙"已叫喊了三任知县，他们装满了腰包，却没有修城墙一寸。有了前任血的教训，老百姓还相信这位新大人吗？

开工的日子到了，新知县并不因为寿州百姓不热心而泄气，一大早便带领衙役们扛着工具，来到西门脚下和几十位民夫一道挖土抬石，一直干到天黑收工。

这一下可引起人们的议论，有的说："县官大人都来修城墙了，人家千里迢迢来这抬土，还不是为的寿州！我们明天也去干吧！"

可也有人说："还不是做做样子骗人，一任比一任奸猾！"

可是到了第十天，新知县还在工地上劳动，又过了十天，还见他

寿县古城墙

和民夫们一起运石块，不同的是现在不是几十人，而是几百人了。

城内城外的百姓们都自动参加修城墙劳动，一些商会栈行老板主动捐款赠物，支援修城，本来两个月的工程，40天就竣工了。

寿州百姓为纪念这位清廉的"父母官"，就在城西门内立了"当面鼓、对面锣"的石刻，表彰他说话算数，廉洁奉公的美德。

■寿县古城墙城门

据《寿州志》记载，城墙原有"角楼八座，警铺五十五所"。后来仅保留下来了一处马面，三处敌台。马面位于城西北拐角处，俗称"地楼"。

马面凸出城外部分长2米、宽5米，高与城墙齐平，中空有石级递下，三面有射洞。三座敌台，一处在东门南160米，凸出城外廓，长3.5米，宽15.5米。一处在南门东500米，外凸2.5米，宽5米。

城外设有泊岸。泊岸，又称护城石堤，据《寿州志·城郭》载，石堤为1538年的时任御史杨瞻所创建。较以前堤高3米到5米，宽10米，一边紧贴城墙外壁，另一边濒临护城河，皆以条石垒砌，既可增加城墙的坚固性，又能阻挡护城河水及洪水对城墙根基的冲刷。

鼓 在远古时期，鼓被尊奉为通天的神器，主要是作为祭祀的器具。在狩猎征战活动中，鼓都被广泛地应用。鼓作为乐器是从周代开始。周代有八音，鼓是群音的首领，古文献所谓"鼓琴瑟"，就是琴瑟开弹之前，先有鼓声作为引导。鼓的文化内涵博大而精深，雄壮的鼓声紧紧伴随着人类，远古的蛮荒一步步走向文明。

两处涵洞实为水关，分别位于城东北、西北隅。涵洞始建年代失考，明清均有修葺。东涵壁有"崇墉障流"的石刻，为后来光绪年间再重修时，由吴中钱禄曾所题。

西涵南壁"金汤巩固"石刻，是在光绪时期进行重修的时候"辛庵彭城孙题"。两涵形制大体相同。如西涵，洞体方形，宽0.6米、深0.8米、长50米。其一端连通城内河渠，另一端伸出城外，经过城墙、石堤部分深1.5米。

涵周围起筑径、深均7.7米、厚0.5米的砖石结构月坎，坎与城墙等高。坎内壁设有石阶，可拾级而下，外壁围护厚实的堤坡。涵沟上封石板，设闸五道。

城涵月坎的设置，在军事上可防止敌兵从水道匿进偷袭，在水系上又具有重要的防水功能。人们可随时进坎启闭闸门，控流自如，既可避免内河积水的吞噬，又能消除外水倒灌的隐患。

寿县傍依淮沘水系，地势低注，易受洪涝侵袭。古城犹如一道铁壁铜墙，除防御抗敌外，又是防洪的坚固大堤。

阅读链接

在寿县北门的城墙上，有一座庙，庙虽不大，但香火一直都很盛，怪处就在于整个庙无一根梁，但在风雨中矗立了几百年，不倒不坏。

无梁庙为砖石结构，面阔一间，进深一间，庙顶上部是红绿琉璃瓦覆盖，十字形九脊，四角各一转角，四沿12花朵仿木铺做。

上沿下沿各有浮雕画面19幅，皆为五色琉璃制造，内容有民间传说故事、历史人物传奇，如弥勒佛、观音菩萨、犀牛望月、唐僧取经、古城会、过五关斩六将等。题材广泛，寓意深刻，造型奇特。人物形象栩栩如生，惟妙惟肖，有较高的研究价值。

承前启后的典范凤阳城墙

　　在安徽省滁州市的凤阳，一座历经600多年风雨依然矗立的古城墙，它就是明代的开国皇帝朱元璋所营造的明王朝第一座都城遗址，也是明朝南京和北京两座都城的蓝本，称为明中都皇故城。

　　1368年，朱元璋在应天府称帝，次年，统一全国。朱元璋没有采纳大臣们关于在长安、洛阳、汴梁、北平等地建都的建议，于1369

■凤阳古城墙

■ 凤阳明皇陵

农历 我国长期采用的一种传统历法，以朔望的周期来定月，用置闰的办法使年的平均长度接近太阳回归年，因这种历法安排了二十四节气以指导农业生产，所以称为农历，又叫中历、夏历，俗称阴历。

朱棣 (1360年—1424年)，明朝的第三位皇帝，是明太祖朱元璋的第四个儿子。他在位期间，朱棣修建了举世闻名的北京紫金城，组织进行了郑和下西洋，编修了《永乐大典》等。朱棣死后，庙号太宗，葬于十三陵的长陵。

年，诏以临濠为中都，命有司建置城池宫阙如京师之制。后又两易其名，又因中都宫阙建在凤凰山之南，终赐名为凤阳。

据史料记载，朱元璋决定在凤阳建都前后，刘基一再反对，朱元璋置之不理，反而更加关心中都的建设，并于1371年亲自前往中都视察和督建。经过六年多的紧张施工，都城已初具规模。

1375年的农历四月初二，朱元璋"亲至中都验功犒劳"，当时还首先到滁阳畅游一番、喝酒写文，也没罢建中都的丝毫痕迹。但是在四月二十八回到南京的当天，却突然下诏"突罢中都役作"。

1378年，又罢开封，以南京为京师，以凤阳为陪都，仍称中都。这个巍峨雄壮、花团锦簇的中都城从此闲置，历史也从此忘记了它。

明中都罢建后，朱元璋不再复巡中都，而是多次命皇太子"出游中都，以讲武事""观祖宗肇基之地"。同时于此设中都留守司保卫和管理中都城和皇陵。

中都城初建成时共有内、外三道城墙："外城"周长30多千米。二道城称"禁垣"，周长约7千米，高2丈。内城称"紫禁城"，周长约3千米，近似方形，高15米，墙底宽近7米、顶宽6多米。

在古老的"紫禁城"内，四周的中都城墙就是当时明朝的"天下名木"和尚未归入图籍的附属国的"求大木"，建大社坛的"名山高爽之地"的青、黄、赤、白、黑等五色土，取自直隶应天等府并河南等十多个省。

建筑墙体先用白玉石须弥座或条石作基础，上面砌大城砖，一般都在长40厘米、宽20厘米、高11厘米，重达20千克。共分为地方烧造砖、军队烧造砖、字号砖和刑狱砖四种类型，承造城砖的单位有22个府70个县及中都各卫所。

中都皇城是最里面的一道城，平面近方形，规模比北京故宫还大10000多平方米。中都城有九座门、28街、104坊、三市、四营、两关厢、18水关。其布局严格遵守传统的对称原则，重点突出的是中轴线上宫阙的建筑布局。

1383年，朱元璋为了纪念龙兴之地，下令把中都中的部分宫殿拆除，移建到大龙兴寺，以表达衣锦还乡的意图。

明成祖朱棣即位后，复拆500多间建筑，重建龙兴寺。清朝入关后，于1667年移凤阳县治入皇城内。1755年，乾隆皇帝又下令拆中都九门、禁垣及钟楼基座等，取砖新建凤阳府城。

■凤阳明皇陵无字碑亭

■ 明中都城墙

蟠龙 是指我国民间传说中蛰伏在地而未升天之龙，龙的形状作盘曲环绕。在我国的古代建筑中，一般把盘绕在柱上的龙和装饰庄梁上、天花板上的龙均习惯地称为蟠龙。

朱元璋 （1328年—1398年），字国瑞。原名重八，后取名兴宗，明朝的开国皇帝。1368年于应天府称帝，国号大明，年号洪武。后来结束了蒙元在我国的统治，平定四川、广西、甘肃、云南等地，建立了全国统一的封建政权。

此后，中都城的其他建筑或改作他用，或年久失修坍塌。虽然中都历经沧桑，但是"明中都"往日的巍峨壮丽仍然可见一斑。站在恢宏气魄的古城墙上，仍能看到殿宇基址势如山峦，门阙台基高若岗阜。

白玉石街、内金水河、金水桥等基址和故道依然存在，故宫井等几口大井仍可使用。

护城河宽达7.80米，中都城北垣和东垣的土垣高出地面10米，皇城的西墙全部、南墙西段1.1千米基本保留着昔日的宏伟气势。

午门基部须弥座浮雕及城内石雕，是我国都城中不可多得的石雕艺术珍品。午门正券两侧及凹字形楼台基部四周，总长500多米的白玉石须弥座上，龙、凤、鹿、象、麒麟、双狮绣球、牡丹、芍药、荷花、西番莲、云朵等浮雕连绵不绝。

西华门、东华门和玄武门三券门洞两侧基部砖砌须弥座上，镶嵌着模压的花卉和方胜等。

已发现的七块蟠龙石础，每块2.7米见方，础面半浮雕蟠龙一圈，蟠龙圈高凸出平面0.15米，宽0.32米，外圈直径1.9米，圈外础面上雕有翔凤。据介绍，北京故宫太和殿石础直径仅为1.6米，且是素面，没有像中都宫殿石础那样"双龙五凤杂云气，巧匠一一穷雕镌"。

后世有人进行评价时说，"明中都"由于兴建和使用时间短，未能形成政治中心，但在城市规划上的某些布局，特别是宫殿的布局，却为后来改建南京都城宫殿和营建北京都城宫殿绘制了蓝图，制作了样板模式。

另外，其"左祖右社"制度的建立、中轴线空间序列及对称布局的高度完善、都城建筑承上启下的过渡性特征、皇城建筑特色等，无不彰显了它的历史意义、文物价值，在都城建筑史上起到了承前启后的典范作用。

明中都是朱元璋集我国2000多年都城建筑之大成，悉心营建的一座最为豪华侈丽的都城。它在艺术上继承了宋元时代的传统，又开创了明清时代的新风格，在我国都城建筑史上具有极其重要的地位。

阅读链接

传说当年朱元璋在凤阳建中都城，金銮殿快建起时，刘伯温劝说朱元璋此地不好，要向东南移一箭之地。朱元璋想，"一箭之地"反正超不出家乡，就同意了。刘伯温随即派人取来弓箭，对朱元璋说："箭落哪儿就在哪儿改建都城"。

朱元璋一箭射到城南20多千米的殷家涧，箭刚要往下落地，被一只老鹰衔住，最后飞到南京落下。

朱元璋闻报只好改变初衷，按中都城的模样把南京扩建成都城。

还一个版本说是刘伯温派人在殷家涧等候，等箭落到这里时，立即骑马飞奔到南京。此后，那只金鹰夹住箭的地方，被人们称作"鹰夹箭"，后被当地人改名"殷家涧"。

形似古钱的商丘古城墙

商丘是豫东门户，地处苏鲁豫皖交界处，北接齐鲁，南据江淮，西扼中原，东临沿海。

作为中华民族的发祥地之一，这里不仅是至圣先师孔子的祖籍，

商丘古城城墙

■ 商丘古城楼

古代文哲大师庄周和巾帼英雄花木兰的故里，还是先商、商品、商文化的发源地。

上古时期，燧人氏、高辛氏、"五帝"中的颛顼、帝喾都在这里生息。自商汤在此定都建立商朝起，春秋宋国、汉代梁国都在此定都。

南朝元颢和南宋赵构曾在此登基。北宋定为陪都名南京。此外历代设郡、州、府，曾名为宋州、睢阳、应天和归德。

归德府城位于古睢水之阳。自建都始，已有4000多年的历史了。由于年代久远，兵燹天灾，古城曾多次被毁，又多次重建，但范围变化不大，都是在南北5千米之内的。

历史上这里曾是安史之乱的主战场。在抗击安史叛军的历次战斗中，影响最大的战役要算太原之战和睢阳之战。

帝喾 号高辛氏，华夏上古时期一位著名的部落联盟首领。春秋战国后，他被列为"三皇五帝"中的第三位帝王，也就是黄帝的曾孙，前承炎黄，后启尧舜，奠定华夏根基，是华夏民族的共同人文始祖。

■ 商丘古城墙和石狮子

侍郎 古代官名。汉朝为郎官的一种，本为是宫廷的近侍。东汉以后，作为尚书的属官，初任为郎中，满一年为尚书郎，满三年为侍郎。之后随着尚书台的权力加大，侍郎日渐重要。隋唐之时，于京城内设吏、户、礼、兵、刑、工六部，掌管国家政务。

唐代睢阳城在1502年时被淹，次年筑土围城。1511年在旧城北重筑新城，以元代城墙为南城墙。1540年在城墙外约500米的圆周上筑起新的城郭。

南墙长950米，北墙长993米，东墙长1.21千米，西墙长1.201千米。高6米，顶阔6米，址阔9米。南为拱阳门，拱券式建筑，门洞全长21米，台高8米。东为宾阳门，西为垤泽门，南为拱阳门，北为拱辰门。

四门外原有四个瓮城，即在城门外再建一小城，侧面开门，旨在加固城防，瓮城又各有一个扭头城门，北门向西，东门和西门向南，南门向东，所以，商丘古城古有"四门八开"之说。形成城墙、城湖、城郭三位一体，形如"'古铜钱币'外圆内方"的独特格局。

城内地势呈龟背形，共93条街道。在古代的八卦学说中，九是最大的数字，而三是万物的源泉，所谓一生二，二生三，三生万物，所以93是一个吉利的数字。这93条街，把全城分割成200米见方的许多小块，俯瞰全城，如棋盘状。

建筑多为走马门楼和四合院建筑群。根据五行相克相生的理论，为防金木相克，东西两门相错。东门偏南，西门偏北，错开一条街，出现了与南北轴线分别相交的两个隅首。

明嘉靖以后至清初，城内出过两位大学士、五位尚书以及十几位侍郎、巡抚、御使、总兵和著名文人，因此，官府、官宅建筑颇多。原有的水井为梅花形，布局合理。南门两侧建有两个水门，将水排进护城河。

护城大堤距城墙约500米，周长9千米，基宽20米，顶宽13米，高3.3米。城南河面较宽，南北500多米，东西约1.3千米，宽阔的护城河碧波荡漾，环绕全城。清清

四合院　是我国古老、传统的文化象征。"四"代表东西南北四面，"合"是合在一起，形成一个口字形，这就是四合院的基本特征。四合院建筑之雅致，结构之巧，数量之众多，当推北京为最。另外四合院也有包在一起的意思。

■ 商丘古城墙

的河水中波光潋滟，流水潺潺，望之不禁心旷神怡，顿生慨叹。

　　据载，商丘古城是历代先民们智慧累积的创造，更是"象天法地、顺天应地、取法自然"思想的应用，其目的就在于创造一个"天人协调、天人合一"的至善境界，以祈求城池万年永固。

　　商丘古城，外圆内方，外为土筑的护城大堤，即城郭，呈圆形，象征天；内为砖砌的城墙呈方形，象征地。外阳而内阴，阴阳结合便是天地相生，如此整个城池便成为阴阳合一、天人合一的大宇宙的象征，商丘古城也便有了与日月同在的道理。

阅读链接

　　商丘古城由砖城、城湖、城廓三部分构成，城墙、城廓、城湖三位一体、外圆内方，成一巨大的古钱币造型，建筑十分独特，有商丘作为华夏之邦商人、商品、商业发源地之隐喻。

　　商丘古城下同时叠压着春秋时期的宋国都城、秦汉和隋唐时期的睢阳城、宋代应天府南京城等六座都城、古城。商丘古城是世界上现存的唯一一座集八卦城、水中城、城上城的大型古城遗址。

天下城门

城墙是农耕民族为应对战争，使用土木、砖石等材料，在都邑四周建起的用作防御的障碍性建筑，由墙体和附属设施构成封闭型区域。封闭区域内为城内，封闭区域外为城外。

城门，是古代城池四面八方之门，又称作水口。绝大多数城墙外围还有护城河。正对城门处设有可以随时起落的吊桥。吊桥一升起，进出城的通路便被截断。

人们进城出城，必须从城门经过。城门口还设有警卫，遇有紧急状态，则城门封闭，禁止通行。在冷兵器时代，攻城必需攻打城门，城门是重要的防御和守卫建筑。

拱卫京师的皇城内九城门

北京旧城共有"内九外七"16座城门，它们各自有不同的名字、用途和特征。

内九城门是指内城上的九座城门，按照顺时针方向，分别是东城墙上的东直门、朝阳门。南城墙上的崇文门、正阳门和宣武门。西城墙上

■东直门老照片

■ 东直门箭楼

有阜成门和西直门，北城墙上的德胜门和安定门。

东直门是位于北京城内城东垣北侧的一座城门，元大都建成后，忽必烈下令施工建造了东直门。主要包括东直门城楼、东直门箭楼、东直门闸楼和瓮城。

东直门的城门城台底基宽39.9米，底基厚28.8米，城台顶宽35.2米，顶进深22.9米，城台高11.5米。内侧券门高7.7米，宽6.3米，外侧券门高5.2米，宽5.3米，城台内侧左、右马道宽4.8米。

城楼连廊，面阔31.5米，连廊通进深15.3米，连城台通高34米。

瓮城为正方形，四隅均为直角，东西长62米，南北宽68米，瓮城南侧辟券门，券门上建闸楼，闸楼形制同朝阳门。瓮城西北角建关帝庙，瓮城门上有一单檐硬山式谯楼，其外侧墙体辟有两层箭孔。

城楼朱楹丹壁，面阔五间，进深一间，楼高34米。瓮城与城门相对之垣墙正中筑箭楼，其外侧面阔七间约32米，内侧庑殿面阔五间约27米，通高30余米。

硬山式 常见古建筑屋顶的构造方式之一。屋面仅有前后两坡，左右两侧山墙与屋面相交，并将檩木梁全部封砌在山墙内，左右两端不挑出山墙之外的建筑叫硬山建筑。硬山建筑是古建筑中最普通的形式，无论住宅、园林、寺庙中都有大量的这类建筑。

　　楼前、左、右三面墙体各辟箭孔四层，共有箭孔80个。门额上镶嵌的"东直门"三字清晰可见。门洞券顶"五伏五券"的做法亦清晰可辨。凸凹不平的石路面，显示着岁月的沧桑。

　　在1368年，明军徐达奉朱元璋的命令，占领元大都以后，对北京城进行改造，到1421年，明成祖朱棣又对北京城进行了改造，东直门变成了东北角的一个重要的位置，这样交通位置更加重要。

　　当时建设北京所需的木材大多都是经由东直门运送进北京城的，清朝时南方运来的木材常常储存在东直门外，因此北京城所需的木材大多从东直门运进北京城，所以东直门又俗称"木门"。

　　清时于东直门外建水关，管理进京货物。清朝时在东直门设立"春场"，每至立春时顺天府尹于此鞭"春牛""打春"。许多官仓也集中设在这里，缓缓流淌的坝河最后进入积水潭，另外一条亚麻河通过东直门水关进入元大都，把粮食和货物都卸在崇文门地区。

东直门是当时北京九座城门中最贫的一个门，以郊外盆窑小贩，日用杂品铺占据瓮城为主，但瓮城庙中的药王雕像极为精细，市人称"东直雕像"。而且，古代的砖窑大多云集在东直门外，因此东直门不仅走拉木材车，还走拉砖瓦车。

朝阳门，元称齐化门，门内九仓之粮皆从此门运至，故瓮城门洞内刻有谷穗一束，逢京都填仓的节日，往来粮车络绎不绝。"朝阳谷穗"为南粮北运的第一位喜迎神。

在元代建成之初的齐化门与它的后世相比，不免显得简陋，仅有城楼，筑楼材质也仅为夯土而已。马可·波罗在他的游记中进一步描述了与城门相连的城墙的形状：

府尹 古代官名。北宋曾于京都开封设置府尹，以文臣充，专掌府事，位在尚书下、侍郎上，少尹二人佐之，然不常置。明代于应天、顺天，清代于顺天、奉天设置府尹，其佐官称府丞。顺天府尹是北京的治安与政务的最高行政长官。

域根厚十步，然愈高愈削，城头仅厚三步。　　■ 朝阳门城楼

■ 朝阳门箭楼

京杭大运河 古名"邗沟""运河"，是天下里程最长、工程最大、最古老的运河，与长城并称为我国古代的两项伟大工程。大运河南起余杭，北到涿郡，途经浙江、江苏、山东、河北四省及天津、北京两市，贯通海河、黄河、淮河、长江、钱塘江五大水系，全长约1794千米。

可见当时城墙的形状是比较明显的梯形。

朝阳门形制与崇文门略同，面阔五间，通宽31米，进深三间，通进深19米。楼连台通高32米；箭楼形制略与宣武门同，面阔七间，通宽32.5米，进深三间，通进深25米。

朝阳门在清代也曾多次被修缮，但城门形制仍未有太大特殊之处，唯一的特点就是宽度较其他城楼要大，各尺寸数据也较平则门略大。

由元至清的这段时间内，朝阳门一带是经济繁盛之地。北京城中，除"前三门"外，就以朝阳门关厢最为热闹。

朝阳门关厢的热闹主要得益于京杭大运河，早在隋代就已开通的这条运河，在元代依然发挥着巨大作用，成为连接北京与南方各省的一条重要交通命脉。

而朝阳门，正是大运河北端重要码头，也就是离通州码头最近的一个城门。通州码头在朝阳门正东20千米，那时离京南去的官员客商，或是有南人进京朝觐、经商的官员与客商，都要在朝阳门停。

因此，朝阳门下往来客商川流不息，一片车水马龙之景，各行各业的商人看到这巨大的商机，争相在朝阳门关厢开设店铺。

更为重要的，这里是漕运粮食的必经之门，经大运河运达北京的南方粮米，在东便门或通州装车，通过朝阳门进城，储存在城内的各大粮仓中。

崇文门，元称文明门，俗称"哈德门"，"海岱门"。崇文门以瓮城左首镇海寺内镇海铁龟著名。"崇文铁龟"名遍响京都。

此外崇文门税关之苛也使外埠客商望门生畏。走酒车，城外是酒道，当年的美酒佳酿大多是从河北涿州等地运来，进北京自然要走南路。运酒的车先进了外城的左安门，再到崇文门上税。

元大都城是用土夯成的，下宽上窄，巍然屹立。开始建筑于1267年，完成于1276年，整整十个年头。因为是用土夯成的，于是产生了如何防止雨水冲刷城土的问题，后来用千户王庆瑞建议，"以苇排编，自下彻上"。

就是用苇帘子自下往上覆盖，像人穿蓑衣一样，简称苇城或蓑城，并在文明门外设立了阴场。

■朝阳门旧景

■崇文门旧景

在当时，文明门又叫哈达门。《日下旧闻考》引《晰津志》说："哈达大王府在门内，因名之。"哈达大王为何许人，已不可考。

"哈达"又讹传谐音为"哈大""哈德"，一些文人墨客在写作时，认为"哈达""哈大"不够文雅，一方面利用它的谐音，一方面利用文明门在南城东端的地理位置，写成"海岱门"。

明代人蒋一葵写的《长安客话》说：

> 泰山、渤海俱都城东尽境，元时以'海岱'名门取此。

到了清乾隆时，杨从清著的《北京形势大略》又说崇文门：

> 曰海岱，言山陬海皆梯航纳贡，税课司在焉。

这只是从明人史玄《旧京遗事》上"京师九门，皆有课税，而统于崇文一司"一语而来。

由于崇文门有个总课税司，就把"海岱"解释为"山陬海耀"，不管对"海岱"两字的解释如何，明清的文人雅士，甚至最高统治者都往往不用"文明""崇文"、而用"海岱"。

明燕王朱棣原来封在北京，登上皇位后，改年号为永乐，决定把首都由南京迁到北京。于是从1406年在元大都城的基础上，改建北京城，于1420年建成。

改建后的北京城，首先把元大都的南城城址，向南移了800米。同时把北城拆去，东西城也拆了一部分，另建了北城。

其次，把土城改为砖城。元大都的土城虽然披上"蓑衣"，但苇帘子终不能抵挡雨水，所以在元朝一代，部分"城崩"的事经常发生，只在忽必烈时代的短短30年内，就"城崩"八次。

每次修理，兴师动众，劳民伤财，所费不货。明代改建的砖城也略呈梯形，下宽上窄，每行砖与每行砖之间，往上稍有凹进，以利雨水下流。

最后，把元大都的11门改为九门，南城三个门照旧，只把城门的名称改了，并将文明门改为崇文门，并一直沿用了下来。

到了1552年，嘉靖皇帝为防止北方少数民族入侵，计划在整个北京城外，再建筑一道外城，结果困于财力、物力，只在南城外筑成一条东西狭长的城墙，即东起广渠门、西到广宁门的外城，又叫罗城。

■崇文门老照片

历史开关

千年古城墙与古城门

这样一来，昔日北京城最南面的崇文门，就成为内城。街道店铺，住户人家，出入此门的官吏商人，日益增多。

明末以来，崇文门外是比较热闹的，大小商贩，车水马龙。护城河河水清潆，河上架有桥梁，河中游有画舫，两岸种着树木花草。绿柳迎风，红花邀月，秀丽非常。

正阳门箭楼始建于1439年的明代，建筑形式为砖砌堡垒式，城台高12米，门洞为五伏五券拱券式，开在城台正中，是内城九门中唯一箭楼开门洞的城门，专走龙车凤辇。

箭楼为重檐歇山顶、灰筒瓦绿琉璃剪边。上下共四层，东、南、西三面开箭窗94个，供对外射箭用。

■ 老北京城正阳门景象

箭楼面阔七间，宽62米，北出抱厦五间，宽42米，楼高24米，门两重，前为吊落式闸门，后为对开铁叶大门。

明、清时正阳门城楼和箭楼之间，原有一个巨大的瓮城，南端呈弧形抹角，箭楼坐落在顶端，瓮城南北长108米，东西宽88米，内有空场，四个方向均有门。

1780年和1849年，箭楼曾两度失火被毁。后来，经过修缮，增加了平座护栏和箭窗的弧形遮檐，月墙断面增添西洋图案花饰。从此，正阳门箭楼一直是老北京的象征。

宣武门，元称顺承门。是在1419年在南拓北京南城墙时所修建的，沿称元"顺承门"之名。

后来，明朝政府又重建城楼，增建瓮城、箭楼和闸楼，历经四年之后，工程全部竣工。取张衡《东京赋》"武节是宣"，有"武烈宣扬"之义，改称"宣武门"。

■老北京宣武门箭楼景象

琉璃瓦 据文献记载，琉璃一词产生于古印度语，随着佛教文化而东传，其原来的代表色实际上指蓝色。我国古代宝石中有一种琉璃属于七宝之一。现在除蓝色外，琉璃也包括红、黑、黄、绀蓝等色。施以各种颜色釉并在较高温度下烧成的上釉瓦被称为琉璃瓦。

宣武门城楼面阔五间，通宽32.6米，进深三间，通进深23米，楼连台通高33米，重楼重檐，歇山式灰筒瓦绿琉璃瓦剪边。

瓮城呈长方形，南北长83米，东西宽75米，西墙辟券门，其上为闸楼，将门楼与箭楼连接为一体。瓮城南墙城台之上为箭楼，箭楼面阔七间，通宽36米，通进深21米，连台通高30米。

门楼以西设有一水关，城内雨水与污水可沿明濠顺此排入南护城河。城外护城河上还有一石桥。清代的城楼规制基本沿袭明制，仅加以修葺。

宣武门内的天主堂，是北京的第一座教堂。1601年，意大利人利玛窦远涉重洋入北京传教，万历皇帝准其留京。数年间，利玛窦遍游京师，1605年择吉地，在宣武门内建"礼拜堂"。

当年的礼拜堂虽然宣扬基督教，但仍是我国传统建筑样式。后来，时任职钦天监的德国人汤若望将礼拜堂改建成具有西洋风情的建筑样式，俗称"南堂"，为清代北京耶稣会人士的活动中心。

阜成门在元代初建成时名为平则门，与朝阳门东西两方遥遥相对，京西门头沟斋堂的煤车，多出入此门，故瓮城门洞内由煤栈客商募捐刻梅花一束记之。

"梅"与"煤"谐音，每当北风呼号，漫天皆白，烘炉四周之人皆赞："阜成梅花报暖春"。

阜成门位于北京内城的西垣南侧，1439年重修时改名为"阜成门"，为通往京西之门户，明清及后来很长时间，城内所需要的煤炭都是经由此门运入的。

明代在元大都城的基础上营建北京城，改11门为九门，其西城垣除北端缩短2.5千米并取消肃清门，南端展拓1千米外，其余基本未动，平则门亦沿袭旧称，之后又更名为阜成门，并修筑了城楼、城门、箭楼、瓮城、瓮城门各一，其规制较元大都城门更高。

阜成门城楼

■ 老北京城门阜成门箭楼老照片

郭守敬（1231年—1316年），字若思。元朝的天文学家、数学家、水利专家和仪器制造专家。郭守敬修订的新历法《授时历》，是当时世界上最先进的一种精良的历法，通行360多年。1981年，为纪念郭守敬诞辰750周年，国际天文学会将月球背面的一环形山命名为"郭守敬环形山"，将小行星2012命名为"郭守敬小行星"。

城楼为三重檐歇式重楼建筑，台座呈梯形，连同城楼通高35米。台座顶面铺设城砖，并与城垣顶面甬道相连，其余箭楼、瓮城及瓮城门城楼的规划均类似于西直门的建造。

城内道路亦改称阜成门街，街南侧有巡捕厅等机构，而城外的官道则为通往西山的重要道路。清代北京城垣规制多沿袭明代。

乾隆时期，曾对城门和箭楼等进行较大规模的维修。阜成门是明、清两代自门头沟运煤进城的重要通道，故有"煤门"之称。

西直门是1267年元世祖忽必烈在金中都旧城东北营建新城时开始建造的，在当时西直门被称为和义门，是东直门的姐妹门，刘秉忠为西直门总设计师，郭守敬负责水源方面的设计，按照《周礼·考工记》中关于帝王之都的理想布局设计建造，历经18年完成。

1358年冬天，元顺帝为防农民起义军攻城，下令赶筑包括和义门在内的11座城门的瓮城和城外护城河的吊桥。

1368年，徐达率大军攻占北京城，为了防止北元的反扑，曾命华云龙整修和义门及附近城墙，后来再次修缮后改名西直门。

1436年，明英宗命太监阮安等监修京师九门城楼，修建时利用和义门原有的门洞，将原瓮城压在新建的瓮城之下。到了清代，乾隆帝也对西直门的城楼和箭楼进行过修葺。

建成之后的西直门包括门楼、门洞、箭楼、瓮城和瓮城门各一，均采用山东临清烧制的特大城砖，是除正阳门外规模最大的一个城门。

西直门城楼台基底宽40.9米，城台顶进深24米，城台高10.7米，内侧券门高8.4米，外侧券门高6.3米。

刘秉忠 （1216年—1274年），元代政治家和作家。初名侃，字仲晦，号藏春散人，邢州人。元世祖忽必烈即位前，注意物色人才，他与云海禅师一起入见，忽必烈把他留在了身边，商议军国大事。忽必烈即位后，国家典章制度，他都参与设计草定。拜光禄大夫太保，参领中书省事，改名秉忠。

■ 老北京城门西直门旧景

■ 老北京城门德胜
门旧景

庙 达圣贤人去世
后，都可以建造
庙宇，像孔庙、
二王庙等都是敬
仰圣贤的地方。
庙通"妙"，所
以庙是妙法真如
的地方，应当顶
礼膜拜。寺庙很
庄严，庙内的每
一寸土地都是不
能随意更改的，
有着严格的等级
制度。

城台内侧左、右马道宽5米，城楼面阔五间，连廊面
宽32米，进深三间，连廊通进深15.6米，城楼连城台
通高32.7米。

瓮城连接城楼与箭楼，西北角设有瓮城庙。在瓮
城南墙辟有一瓮城门。与城门方向成曲尺型，以利屏
蔽城门。上方有一座单檐硬山谯楼有两层12个窗，又
称瓮城门楼。城外护城河木桥改为石桥。

门楼通高34.4米，为三层飞檐歇山式建筑，柱、
门、窗皆为朱红色，檐下的梁枋上饰以蓝、绿两色图
案，顶部为绿色琉璃瓦，饰有望兽及脊兽。

在门楼台下部正中与城垣墙身垂直方向，辟有券
顶式城门洞，因沿袭和义门之制，较内城其他门洞
低。装有向内开启的城门一合，用锭铁固定。

城门正前方为一重檐歇山顶箭楼，西、南、北三侧共有箭窗82孔。箭楼西侧面阔七间，内侧庑座面阔五间，通高30米，俯视呈"凸"型。

西直门城门为木质，有地堡式城楼三间，上设五孔水眼的水窝两个，可向城门灌水，以抵御火攻。

1894年，光绪皇帝下令修建了西直门至颐和园的石路，同时还修缮了西直门的城楼。后来，因为中日甲午战争的爆发，此次修缮被迫中断。

由于北京的水源地多位于北京玉泉山附近，因此，皇城中所需的御用水从玉泉山途径西直门运进北京，所以西直门又被称为"水门"。在西直门的瓮城门洞中有汉白玉水纹石刻一块，故有"西直水纹"一说。

1368年，大将军徐达攻入元大都，朱元璋诏令将元大都改为北平，随后将北垣西侧门"健德门"改为"德胜门"，并在北垣南五里新筑土城垣，作为防止元军反攻的第二道防线。

德胜门箭楼雄踞于12.6米高的城台之上，灰筒瓦绿剪边重檐歇山顶，面阔七间，后出抱厦五间，楼连台通高31.9米。对外的三面墙体上下共设

抱厦 我国古代建筑术语。是指在原建筑之前或之后接建出来的小房子。也就是围绕着厅堂、正屋后面的房屋。顾名思义，在形式上如同搂抱着正屋、厅堂。宋代管这样的建造形式的殿阁叫作"龟头屋"，清代时的叫法就是"抱厦"。

■ 老北京城门德胜门旧景

095

攻防兼备

天下城门

■ 老北京城门德胜门瓮城内景

四排箭窗，总计82孔。

1371年，废元大都北垣，将新筑北垣加宽加高，开两门，西侧门仍称"德胜门"。后来，又修建包括德胜门在内的内城九门的城楼、箭楼、角楼、桥闸。此后，德胜门历经修缮。

关于"德胜门"名字的来历，还有一番说法。

北方按星宿属玄武。玄武主刀兵，所以出兵打仗，一般从北门出城。之所以取名叫德胜门，意为"以德取胜""道德胜利"。

遇到战事自德胜门出兵，由安定门班师，分别取"旗开得胜"和"太平安定"之意。

德胜门是京师通往塞北的重要门户，素有"军门"之称。明代永乐皇帝北征、清代康熙皇帝平定噶尔丹叛乱、乾隆皇帝镇压大、小和卓叛乱都是出师德胜门。明清两代，德胜门正面迎击来自北方的军事入侵，是北京城最重要的城防阵地。

相传，1778年的那一年，天大旱颗粒无收，年末清高宗去明陵，至德胜门，时逢大雪纷飞，除去一年之暑气，高宗龙颜大悦作御诗立"祈雪"碑碣一通，有黄顶碑楼，碑之高大，令其他诸门的石刻难以比拟，故人称"德胜祈雪"。

在德胜门的东边城墙上还放着一尊炮，不过，这炮不是打仗用的，是报时用的。每日午时，德胜门和宣武门同时一声火炮，城内的老百姓听炮对时。

德胜门瓮城内的珍品，要数立在中间的一座碑亭。亭中矗立着一座高大石碑，镌有1797年，乾隆帝62岁时的御制诗。这位当时的太上皇回忆往昔的峥嵘岁月，在"德胜"两字上很是抒发了一回豪情。

德胜门地区还有一处与北京息息相关的"生命

■ 老北京城门安定门景象

线"。沿着护城河向东200米，在城墙的下方有一水道连接着护城河与城内的水系，水道的城内出口处正好在积水潭小庙的下方。

多少年来，通过这一水道，城外西山和玉泉山的甘泉源源不断地流入城内，滋润养育着京都的众多百姓和权贵。

安定门在元代时称为安贞门，为出兵征战得胜而归的收兵之门，京都九门中有八门瓮城内建筑关帝庙，唯安定门内建真武庙，在诸门中独具一格，"安定真武"在诸门中颇有独特风格。清朝在北京实行的是旗、民分城的制度。

内城以皇城为中心，由八旗分立四角八方。两黄旗居北。镶黄旗驻安定门内，正黄旗驻德胜门内。两白旗居东。镶白旗驻朝阳门内，正白旗驻东直门内。两红旗居西。镶红旗驻阜成门内，正红旗驻西直门内。两蓝旗居南。镶蓝旗驻宣武门内，正蓝旗驻崇文门内。

历史开关

千年古城墙与古城门

阅读链接

既然安定门是为出兵征战得胜而归的收兵之门，那么安定门走什么车呢？

有人说，是兵车回城时走安定门，寓意出兵得胜，收兵自然也就是寓意安定了。

还有一种说法是，清朝的八旗精兵全部都扎营在安定门，所以回城兵走这里。实际上压根儿就不是那么回事儿，那儿用得着收兵全走安定门啊！

实际上，安定门走的是粪车，因为以前地坛附近是北京主要的粪场。之所以说成兵车回城，其实是一种名称的雅化。

北京外七城门和皇城四门

北京的外七城门是指东城墙上的七座城门，分别是广渠门、广安门、左安门、右安门、东便门、西便门和永定门。

广渠门是北京外城城墙东侧的唯一一座城门，曾称大通桥门，又称沙窝门。广渠门是老北京城门中比较简朴的一个，建于1555年的明代嘉靖年间，主要包括广渠门城楼、箭楼和瓮城，与北京外城西侧广安门相对称。

■ 广渠门旧景

■ 广渠门老城楼

关于广渠门名称的由来有两种说法：

一种是根据"广"的释义，推测"广渠"的意思应是宽广的大渠，可能寓意着"通畅顺达"。

二是"广"和"渠"都有"大"的意思，是同义词，因此"广渠门"可能是当时北京城规模宏大的一座城门，所以才取了"广渠门"的名字。

广渠门门楼低矮，仅一层，廊面阔五间，单檐歇山顶，四周有回廊。瓮城呈弧形。箭楼为单檐歇山顶，正面及两侧各辟箭窗二层，正面每层七孔，两侧每层各三孔，共26孔，箭楼下开拱形门洞。

广渠门的瓮城很有特点，一般城池的瓮城作为战备要地，里面没有建筑物和居民，而广渠门的瓮城里面有几家店铺。

在瓮城里面两侧各有四五家店铺，形成一条小型商业街，很像一座微型小城。

路南有一家中药铺、一家纸店，还有一家山货店。四周均是城墙，前边有箭楼的城门，后边有城楼的城门，城门关闭后，异常幽静。

广安门为外城唯一向西开的门，与广渠门相对。城楼形制一如内城，重檐歇山三滴水楼阁式建筑，灰筒瓦绿琉璃瓦剪边顶，面阔三间通宽13.8米；进深一间，通进深6米；高17.6米；楼连城台通高26米。

瓮城呈方形，两外角为圆弧形，东西长34米，南北宽39米，瓮城墙基宽7米、顶宽6米。箭楼为单檐歇山式灰筒瓦顶，面阔三间宽13米，进深一间6.6米，高7.8米，连城台通高16.6米。

南、东、西三面各辟箭窗二层，南面每层七孔，东西每层三孔。北侧楼门为过木式方门系冰月楼下城台正中对着城楼门洞辟一券洞门。

广安门，明代称广宁门，清道光年间为避清宣宗

山货 刚开始一般是指生长在山上，野生的没经过人工培植或养殖的可食用的动植物，比如野菜、野果、菌类、山鸡、野兔等等。后来引申到从农村带到城市里来的一些土特产。

■广安门旧城楼

■ 广安门旧景

旻宁之名讳改为彰义门。规制与广渠门相同，1766年以该门为南方各省进京的主要通路，所以提高城门的规格，仿永定门城楼加以改建。

当年在外城，有着两条用石板铺砌的道路，一条是连通永定门与正阳门，为皇帝去天坛和先农坛祭祀而铺设的御道。

另外一条则是由城外通往广安门的道路。由于辽南京城、金中都城的城址都在广安门地区，所以自古广安门大街便是外省进出的门户。

由于广安门是各省陆路进京的必经之路，因此广安门内的彰仪门大街在清代时期是比较繁华的，有"一进彰仪门，银子碰倒人"的说法。

雍正年间，因为皇帝打算在河北修建皇陵，雍正帝下令从广安门到宛平城修筑石板路。广安门到小井村的路段长5千米，共花费白银八万两，平均每尺长的道路用去白银五两三钱三分，因此有"一尺道路五两三"的说法。这条道路的修通对广安门地区的发展起到很好的促进作用。

路修好了，交通的便利也为外城增添了生机和活力。那时广安门外最常看见的景象，就是"拉骆驼跑城儿"。

左安门是北京外城南侧三个城门之一，位于永定门东面。城楼为单层单檐歇山式，灰筒瓦顶。面阔三间，通宽16米，进深一间，通进深9米，高6.5米，楼连城台通高15米。瓮城呈半圆形，东西宽23米，南北长29米。

箭楼为单歇山小式，灰筒瓦顶，面阔三间宽13米，进深一间宽6米，高7.1米，楼连城台通高16.6米。其南侧面辟两层箭窗，每层七孔。东西侧面亦辟两层箭窗，每层三孔侧面正中辟过木方门。

这座偏远的东垣城门建于1553年，也就是北京外城建成的时间。这里的路，南至西南城角，北接开阔田野，地里一部分种粮食和蔬菜，一部分长满芦苇。

据《北京街巷图志》中记载，同样是城市干道，在南城，右安门内的道路相对于左安门内的更加笔直、宽阔，其原因在于右安门内的道路在辽金时代是城市干道。

左安门一带则一直是个村野，其内的道路在明嘉靖年间修筑外城时才得以形成，只是因为当时没有经过很好的规划，故而道路的形状保存了乡野气息。

说起左安门，不能不提一下萧太后河。

澶渊之盟后，宋辽相和，辽便在北京东郊

■ 左安门城楼

■右安门城楼旧景

转运使 古代官名。唐代以后各王朝主管运输事务的中央或地方官职。首见于唐。714年置水陆转运使，掌洛阳、长安间食粮运输事务。代宗后，常由宰相兼领，有时与盐铁使并为一职，称盐铁转运使，并于诸道分置巡院，五代废巡院。元、明有都转运盐使，清有都转盐运使，专管盐务。

开萧太后河，所以早在左安门建立之前，这条河便存在了。

在这条河未断流之前，这一带居民多以行船或打鱼为生，后来河道淤塞才改为务农。

辽出于政治和军事需要开凿的这条河为北京东南郊的发展发挥了不小作用。这条河改善了水路交通，促成这个地区商业的迅猛发展，为了适应经济发展、加强运输事业管理，辽甚至专门设"转运使"一职。

而东垣一带本就属地势低洼的易涝区，故开凿后不仅用以运输，而且利于农业生产，使河两岸农业年年丰收。

但这条河最显赫的贡献无疑是促进了东垣地区的百业俱兴，为北京逐渐成为首都打下了坚实的基础。如果没有这条河，那么后来的左安门地区可能又是另外的一番景象了。

右安门又名"南西门"，原是北京外城的七门之一，于1562年建成。古时候北京右安门的命名不是根据"左西右东"的属性，而是从内廷也就是紫禁城的角度来测定的方位。

因此，位于故宫西南边的门叫作右安门，而东南边的门就叫作左安门了。它体现着君临天下的大一统观念。

右安门原是一门一楼。右安门城楼为单层单檐歇山式，瓮城呈半圆形，箭楼为单檐歇山小式，其南侧面辟两层箭窗，每层七孔，东西侧面亦辟两层箭窗，每层三孔，侧面正中辟过木方门。

右安门是北京外城南城墙三门中最西边的一个。右安门由于正对内城的宣武门，在建成之初叫作"宣武外门"，后才改称右安。右安门位于宣武、丰台交界处，是北京城南地区的一个重要交通中心。

东便门是北京外城东南端的一座小城门，位于北京城墙东南端角楼旁边，东便门是北京保存下来的城门之一，主要由城楼和箭楼组成。

1564年，嘉靖皇帝为了防御蒙古骑兵进攻，增强北京城的防卫，保障北京城的安全，就下令修筑了包围南郊一面的外城，在外城的最东端修建了东便门。

■ 东便门城楼

内廷 即内朝。对外廷而言。明代内廷指由内臣，即太监组成的一个相对于文官外朝的完整对应机构，比如司礼监对应内阁。清代内廷指乾清门内，皇帝召见臣下，处理政务之所。军机处，南书房等重要机构均设于此。

■ 东便门箭楼

拱券顶 一种建筑结构。简称拱，或券，又称券洞、法圈、法券。它除了具有良好的承重特性外，还起着装饰美化的作用。我国拱券砌筑技术用于地上建筑始于魏晋用砖砌佛塔。筒拱东汉时已用于拱桥，宋代用于城墙水门，南宋后期用于城门洞，明初出现用筒拱建的房屋，上加瓦屋顶，这种房屋俗称"无梁殿"。

在当时的形势下，统治者最强烈的愿望是安宁，安宁压倒一切。

东便门城楼为单层单檐歇山小式，灰筒瓦顶，四面开过木方门，无窗。面阔三间宽11.2米，进深一间深5.5米，高5.2米。其城台正辟过木方门，楼连城台通高12.2米。

瓮城为半圆形，东西宽27.5米，南北长15.5米，单层单檐硬山小式，灰筒瓦顶，南背面辟过木方门，东西北三面辟箭窗，每面各两层，弱面每层四孔，东西面每层两孔。

面阔三间宽9米，进深一间深4.6米，高4.7米。其城台正中辟门，外侧为拱券顶，内侧为过木方门，楼连城台通高10.5米。

北京城东南角楼为明、清两代北京内城东南转角处的箭楼，简称角楼。原北京有内外城之分，内城建筑较早，为明代在元大都的基础上改建的。据明代的

《英宗实录》记载：

> 正统四年四月丙午，修造京师门楼、城壕、桥闸完。城
> 四隅立角楼。角楼始建于明正统元年，四年竣工。

东便门角楼建于突出城墙外缘的方形台座上，通高29米，四面开箭窗144个。角楼内立金柱20根，整座楼建筑面积为793平方米。加之相连的南城墙，总占地面积约3654平方米。

关于东便门名称的由来有两种说法：

一种是取其直意，便于南北方向的出入和为了工程简便，而不是大兴土木。

二是东便门的位置偏居北京城的东侧，并且是内城和外城的结合部位。因此，这座城门可因其所处位置，用"偏"来命名，称为别称"东偏门"。但由于"便"和"偏"的发音相近，时间一长就把"东

■西便门角楼旧景像图

■西便门箭楼

垛口 古代城墙上呈凹凸形的短墙。一般从墙上地坪开始砌至人体胸腹部高度时，再开始砌筑垛口。垛口一般砌筑成矩形。垛口上部砌有一个小方洞即了望洞。了望洞的左右侧面砖呈里外八字形，这是为了便于了望敌人，又不易被敌箭射中。下部砌有一个小方洞，是张弓发箭的射孔。射孔底面向下倾，便于向城下射击敌人。

偏门"读作"东便门"了。

西便门是北京外城西南角城门，位于北京城墙西南端角楼旁边，主要由城楼、箭楼、瓮城组成。

1564年，因蒙古骑兵数次南侵，加之城外关厢居民日渐增多，在京城四周修筑外城。

后因财力不济，只修了环抱南郊的一段，设永定门等五门，使京师城垣呈"凸"字形。后与外城东北、西北两隅与内城连接处附近各辟一朝北的城门，规制较简陋，门楼通高仅11米，分别称东便门、西便门。

后来，嘉靖皇帝又下令补修了外城及其七门，西便门增筑径长31米的半圆形瓮城，加固其东侧内外城连接处的城墙垛口，疏浚城门外的护城河道，同时在城门以东修筑一座三孔水门，使玉泉山在附近顺利分流注入通惠河。清代又在瓮城上修筑宽9米、高4.7米的小型箭楼。

西便门城楼通高10.5米，其他形制、尺寸均与东便门相同。为单层单歇山小式，灰筒瓦顶，四面开方门，无窗。面阔三间宽11.2米，进深一间深5.5米，高5.2米。其城台正中辟过木方门，楼连城台通高11.2米。瓮城为半圆形，东西宽30米，南北长7.5米。

箭楼为单层单檐硬山小式，灰筒瓦顶，南背面辟过木方门，东西北三面辟箭窗，每面各二层，北面每层四孔，东西面每层两孔。面阔三间、宽9米，进深一间，深4.6米，高4.7米，其城台正中辟门，外侧为拱券顶，内侧为过木方门连城台通高10.5米，门楼通高仅11米。

永定门位于左安门和右安门中，是老北京外城七座城门中最大的一座，也是从南部出入京城的要道。永定门始建于明嘉靖时期，共跨越了明、清两代。

1403年，正值明代的永乐元年，在南京称帝的永乐皇帝朱棣下令将自己做燕王时的封地北平升格为"北京"。

1407年，朱棣下令在北京兴建皇宫，整修城墙，预备迁都。后来为扩展皇宫前方的空间，将原在长安街一线的南面城墙南移1千米，在正阳门一线重建。

1421年的元旦，朱棣宣布正式迁都至北京。这时的北京城，平面轮廓呈正方形，只有九座城门。城市中轴线南起正阳门，贯穿皇宫，北抵钟楼。

■永定门旧景

■永定门城楼远景图

三滴水 滴水是古建筑瓦作术语名称，俗称滴子，筒板瓦屋面瓦件之一。底瓦垄的檐头瓦，比普通板瓦多一个如意形"滴唇"，以防止雨水回流。三滴水是指古建筑三层檐屋顶形式建筑的名称。

脊兽 是我国古代建筑屋顶的屋脊上所安放的兽件。它们按类别分为跑兽、垂兽、"仙人"及鸱吻，合称"脊兽"。其中正脊上安放吻兽或望兽，垂脊上安放垂兽，戗脊上安放戗兽，另在屋脊边缘处安放仙人走兽。

明初国势强盛，永乐皇帝对蒙古部族采取攻势，曾五次率军北征，问题尚不凸显。

后来明代的实力衰落，多次被蒙古军队兵临城下，至嘉靖年间，遂有官员建议在北京城外围增建一圈周长约40千米的外城，以策安全。因资金不足，在严嵩的建议下改变了设计方案。

1564年北京外城建成之后，正门命名为"永定门"，寓意"永远安定"。但是在当时只是修建了城门楼，后来又补建了瓮城。

永定门城楼的形制一如内城，重檐歇山三滴水楼阁式建筑，灰筒瓦绿琉璃瓦剪边顶，面阔五间，通宽24米。进深三间，通进深10.50米，楼连台通高34.04米。瓮城呈方形，两外角为圆弧形，东西宽42米，南北长36米，瓮城墙顶宽6米。

箭楼规制与城楼差距较大，不大协调。为单檐歇山式灰筒瓦顶，面阔三间，宽12.8米，进深一间6.7米，高8米，连城台通高15.8米。南、东、西三面各辟箭窗二层，南面每层七孔，东西每层三孔，北侧楼门为过木式方门，箭楼下城台正中对首城楼门洞辟一券洞门。

永定门上面的石匾是仿明代石匾原样雕刻的。1644年，清朝建都北京后，曾将各城门上用汉文题写的明代匾额撤下，改用满、汉两种文字题写的匾额。

明代原配的永定门石匾长2米，高0.78米，厚0.28米，楷书的"永定门"三字沉雄苍劲，保存完好，是明嘉靖时期始建永定门时的原件。在后来的永定门门洞上方所嵌石匾的"永定门"三字，就是仿照这块石匾雕刻的。

直到1750年，永定门增建箭楼，重建瓮城。1766年，乾隆皇帝下令对永定门城楼进行重修，加高城台和城楼层顶，采用重檐歇山三滴水的楼阁式建筑，使用灰筒瓦、绿剪边，装饰以琉璃瓦脊兽。

此时永定门已成外城之最大城门又增建了箭楼，增建外城起因是为了加强北京防卫，至此，永定门工程才算全部完成。

后来，永定门城楼又重修过一次，并提高了其规制，加高城台、城楼层顶，采用了重檐歇山三滴水楼阁式建筑，并装饰了琉璃瓦脊兽，以雄伟姿态矗立于北京城中轴线的最南端。

■北京永定门城楼

■ 天安门城楼

皇城四门指的是天安门、地安门、东安门和西安门，这四扇门是为城里的文武百官进出宫廷用的。

天安门始建于1417年，历时三年之后才完成。最初建成的时候仅是一座三层五间式的木结构牌楼，名字叫作"承天门"，取"承天启运""受命于天"之意。

1457年牌楼毁于雷火，八年后的1465年重建为面阔五间、进深三间的门楼。

1644年，李自成率军入北京，承天门再次被毁。

1651年在废墟上进行了大规模改建，重修为一座城楼，名字也改成"天安门"，取"受命于天，安邦治国"之意。

1688年，康熙皇帝下令对天安门进行了大规模的修缮，基本保持了1651年改建的形制，天安门比原来高了83厘米，通高34.7米。

天安门造型典雅，是我国传统建筑艺术的代表作。它的主体建筑分为上下两层，上层是重檐歇山式，黄琉璃瓦顶的巍峨城楼，东西面阔九楹，南北进深五间，取"九五"之数，象征皇帝的尊严。

正面有36扇菱花格式的门窗。城楼基座周围有汉白玉栏杆、栏板，雕刻着莲花宝瓶图案。城楼内所用木材大部分是楠木，60根红漆巨柱排列整齐，柱顶上有藻井与梁枋，绘着金龙吉祥彩画和团龙图案。地面铺的全是金砖，面积约2000平方米。屋顶的正脊与垂脊上装饰着螭吻、仙人、走兽。

下层是高13米的朱红色城台，四周环绕琉璃瓦封顶的矮墙，下部是1.6米高的雕刻精美的汉白玉须弥座台基。城台的总面积达4800平方米，东西两侧各有一条长达百级供上下城楼用的梯道，俗称马道。

还有五个拱形门洞，中间的门洞最大，高8.82米，宽5.25米，只有皇帝才可以从这里出入。

城楼前有外金水河，河上飞架七座汉白玉雕栏石桥，中间一座最宽阔的称"御路桥"。专为皇帝而设，御路桥两旁有宗室亲王过往的"王公桥"，王公

藻井 我国传统建筑中室内顶棚的独特装饰部分。一般做成向上隆起的井状，有方形、多边形或圆形凹面，周围饰以各种花藻井纹、雕刻和彩绘。多用在宫殿、寺庙中的宝座、佛坛上方最重要部位。古人穴居时，常在穴洞顶部开洞以纳光、通风、上下出入。出现房屋后，仍保留这一形式。其外形像个凹进的井，"井"加上藻文饰样，所以称为"藻井"。

■ 天安门

桥左右的"品级桥"是供三品以上的官员行走的，四品以下的官员和兵弁、夫役只能走"公生桥"。公生桥架在太庙和社稷坛门前。

五座内金水桥除有类似严格的等级规定外，还表示"万方来朝"之意。金水河两岸有两对威风凛凛的石狮及两座连同须弥座高为9.57米的华表。石狮是明代永乐年间原物。

华表上满刻着盘龙与云朵，巨柱顶端加上了云板、承露盘并蹲坐着石兽，此兽有注视皇帝出入之意，因而人们把前华表上的两只背北面南的石兽叫"望君归"，把后华表上的两只背南面北的石兽称"望君出"。

明清时期，天安门至大清门之间的千步廊形成占地几万平方米的T字形宫廷广场，其东、西两侧还各

设一门，东为长安左门、西为长安右门，朝廷主要的机构六部及各院即设在此处，可以说这里是朝廷统治机构的中枢。

当时，皇帝们一般都在天安门颁布重要诏令，称为"金凤颁诏"。每逢遇有新皇帝登基和大婚等重大庆典活动和皇帝父母进宫，都要启用天安门。

皇帝平时一般不走天安门。只有每年去祭天、祭地、祭五谷时，才由此门出入。

另外，皇帝御驾亲征或大将出征，都得在天安门前祭路、祭旗，以求成功凯旋，同时显示威风。天安门还是"金殿传胪"的场所。每逢殿试后的两天，皇帝召见、传呼新中进士们的姓名，这叫"传胪"。

考中前三名的状元、榜眼、探花插上金花，身披红绸，骑马游街，以谢皇恩。天安门唯独皇帝可以出

殿试 为宋、元、明、清时期科举考试之一。又称"御试"、"廷试"和"廷对"，即指皇帝亲自出题考试。会试中选者始得参与。目的是对会试合格区别等第。明清殿试后分为三甲：一甲三名赐进士及第，通称状元、榜眼、探花；二甲赐进士出身，第一名通称传胪；三甲赐同进士出身。

115

攻防兼备

天下城门

■ 天安门全景

世界人民大团结万岁

■地安门的钟楼

入，而且只有喜事能出入。

地安门是北京中轴线上的标志性建筑之一，是皇城的北门，天安门则是皇城南门。南北互相对应，寓意天地平安，风调雨顺。

地安门位于皇城北垣正中，南对景山，北对鼓楼，始建于1420年的明代永乐年间，1503年重修，1652年，顺治皇帝下令重建此门，并易名为地安门。

地安门为砖木结构的宫门式建筑，面阔七间，中明间及两次间为通道，明间宽7米，两次间各宽5.4米，四梢间各宽4.8米，总面阔38米。

正中设朱红大门三门，左右各两梢间为值房。门内大道两侧有米粮库、油漆作、花炮作等机构。地安门内左右两侧各有燕翅楼一座，为二层楼，原为内务府满、蒙、汉上三旗的公署。

据记载，地安门在历史上曾经发挥过重要作用。因为地安门是皇城的北门，凡为皇帝北上出征巡视时大多要出地安门，亲祭地坛诸神时也出地安门。

这个时候的地安门为禁地，普通百姓是不得随便出入的。清朝推崇古制前朝后市，地安门商贸活动比较活跃，市场繁荣。

早年，地安门外竖有一通石碑，上书"官员人等，至此下马"。如果有谁跃马扬鞭而过，则被视为

上三旗 清代由皇帝直接统辖的三个旗。满洲八旗有上三旗和下五旗之分。清军入关前，正黄旗、镶黄旗、正蓝旗由皇太极亲自统领，是皇帝的亲兵，身份高贵，条件待遇优厚，称为"上三旗"。其余的五旗，正红旗、镶红旗、镶白旗、正白旗、镶蓝旗，称为"下五旗"，是由亲王、贝勒、贝子掌管，驻守在京师各地。

欺君之罪。

在当时，地安门内还设置有许多为皇家服务的衙门，诸如尚衣监、司设监、司礼监、酒醋局、织染局、针工局、巾帽局、火药局、司苑局，还有钟鼓司、供用库、蜡库、帘子库、兵器库、皮房、纸房和安乐堂等。

东安门是清朝北京皇城的东门，是皇城的四个大门之一，东皇城墙始建于1420年，原在玉河以西，河在墙外，1432年东移，将玉河包入墙内。墙为南北走向，正对紫禁城东华门设东安门，为七间三门黄琉璃单檐歇山顶。

门内为跨玉河之石拱桥，因官员们上朝陛见，皆由东安门进宫，所以俗称此桥为望恩桥或皇恩桥。桥西原为永乐时之东安门，宣德时改为三座门式，通称东安里门。望恩桥上砌有障墙，将两门连为一体。

相传，东安门上的门钉并非我国传统建筑规制中的九九八十一颗，而是八行九列共七十二颗，这究竟

拱桥 我国的拱桥始建于东汉中后期，已有1800多年的历史，拱桥是由伸臂木石梁桥、撑架桥等逐步发展而成的，在形成和发展过程中的外形都是曲的，所以古时也常称为曲桥。在我国古代的一些文献中，还用"囷""窊""实""瓮"等字来表示拱。

■古建筑东安门

■午门城楼

是为什么呢？

在当时，人们普遍认为"九"是阳数的极数，因而被称为极阳数。超过"九"，只是零的增加，因此古代常以"九"来突出帝王之位的崇高和神圣。

旧时传说紫禁城中的房屋为9999间半，重要的大殿面阔九间，角楼的建筑结构城九梁十八柱，七十二道脊，外东路南侧的九龙壁，皇宫大门的门钉依建筑等级规定为纵横各九路等，都是这方面的体现。当然，9999间半房屋这个数字并不确切，只是个传说而已。

紫禁城四个城门中，午门、神武门、西华门的门钉均为纵九横九，只有东华门门钉为纵九横八。

对此，就引发出了许多解释。一种认为清朝从顺治帝到隆裕太后，帝后逝世，都是从东华门送殡，进东华门迎灵，按人死为鬼的说法，所以又将东华门称为"鬼门"和"阴门"。

清代从东华门出灵的原因，据说是明末思宗朱由检在李自成进攻北京时，就是从此门逃到煤山自杀的，后来他的灵柩又停在东华门外数日，无人埋葬。

因此，清入关后就认为东华门是个很不吉利的门，于是决定由此门出灵枢，并将门钉减至阴数72个，即为纵九横八。

　　还有一种观点认为，东华门门钉纵九横八的格局自明代起就是这样的，并非到了清代才有改变。事实上，东华门门钉的设计与古代的堪舆理论有关，是古人文化心理在紫禁城设计中，采取的逢凶化吉和趋吉避凶的体现。

　　西安门始建于1417年，与北京皇城的大明门、天安门和地安门在同一条直线上，而东安门和西安门则不在同一条直线上，东安门同紫禁城东华门相对，西安门同紫禁城西华门不相对。

　　明代的紫禁城西面有西苑、太液池和金元时期建造的苑囿，其中有大片的水面，所以自西华门无法向西直线行进，只好在皇城西墙中段偏北处设西安门，由北海与中海间的陆地通道通行。

　　西安门没有城台，门基是青白石，红墙，单檐歇山黄琉璃瓦顶。西安门面阔七间，进深三间。中间的明间以及左、右次间为门，各有一对红漆金钉门扇，左、右稍间及末间为值房。

阅读链接

　　北京皇城还有其他四座大门，分别是大明门、端门、东三座门和西三座门。大明门为砖石结构官式建筑，基础为汉白玉须弥座，单檐歇山顶黄琉璃瓦，面阔五楹，正中辟三门阙，汉白玉门槛。

　　1644年清顺治元年改名为大清门。门上镶嵌汉白玉石匾，上有青金石琢磨的"大清门"三字，背面为"大明门"三字。

　　端门规制与天安门相同，端门可以算作午门的外门，相当于周礼天子五门之制里的雉门或库门。

　　东三座门，又称长安左门，规制与大明门相似。明清殿试后在此门外发榜，因此又称"青龙门"或"龙门"。西三座门，又称长安右门，规制与大明门相似。明清时在此门内的西千步廊勾决死刑犯人，因此又被称为"白虎门"或"虎门"。

历史悠久古城西安的城门

西安是我国历史上建都时间最长，建都朝代最多，影响力最大的都城，居我国古都之首，历史上最为强盛的周、秦、汉、隋、唐等朝代均建都于西安，是十三朝古都。

午门城楼

隋唐时期，西安称为长安。当时，长安的外城依据《周礼·考工记》中"匠人营国，方九里，旁三门"的传统都城建制，在外城四面，共开12座城门。

其中南面有三门，中间为明德门，东边为启夏门，西边为安化门。东面有三门，中间为春明门，北边为通化门，南边为延兴门。

西面有三门，中间为金光门，北边为开远门，南边为延平门。另外还有三座门，实际上是北部禁苑的南门，百姓是不能进出的，分别为中间的景曜门，东边的芳林门，西边的光化门。

■ 西安古城长乐门城楼

除南面中门，即长安城正门明德门下开五门外，其他各城门都开三门。各城门上都建有高大的城楼。其中，北面三门因是皇家苑囿的入门，早在隋代的年初已建有城楼。

明德门是唐代长安城正门名。位于外郭城南面中部，门内北以朱雀门大街与承天门大街直通皇城正门朱雀门与太极宫正门承天门。门外也有南北大道，南行40千米至终南山。明德门建于隋代年初。654年，唐高宗下令在各城门都修建了城楼。

明德门东西宽52.5米，南北宽16.5米，面积866平方米，由此推知，上应有城楼东西十一间，南北三

唐高宗（628年—683年），即李治，唐朝的第三任皇帝，字为善，唐太宗李世民第九子，649年即位于长安太极殿，开创了有贞观遗风的永徽之治。唐代的版图，以高宗时为最大，东起朝鲜半岛，西临咸海，北包贝加尔湖，南至越南横山，维持了32年。李治在位34年，享年55岁，葬于乾陵，庙号高宗。

卷草 这种纹饰是我国传统图案之一。多取忍冬、荷花、兰花、牡丹等花草，经处理后作"S"形波状曲线排列，构成二方连续图案，花草造型多曲卷圆洞，通称卷草纹。因盛行于唐代故名唐草纹。汉代图案中已有卷草纹，唐代十分流行，宋元明清许多瓷窑产品上广泛采用。

间。明德门城楼间数之多，超过其他郭城门楼，并和大明宫正殿含元殿东西间数相同。

明德门是长安外城最大的一座城门，下开五门洞，较其他城门多出两门洞。门洞一律宽6.5米，进深18.5米，各门洞之间隔墙厚2.9米。每个门洞的两侧都有排柱的柱础坑，础基石已被破坏无存，排柱坑每排15个，每个门洞都可以两车并行。

在明德门两端的两个门洞中，有清晰的车辙痕迹，有的车辙是从中间三个门洞的前面绕至两端的门道通行的。

结合记载可知，明德门五个门洞，其两端两门洞是供车马出入通行的，次内两门为供行人通行，正中的一个门道，是专供皇帝出明德门外郊祀圜丘祭天通行的。

因此，明德门中间门道内的石门槛制作极其精致，上面雕刻有流畅的卷草花纹，顶面还有一浮雕的

■ 西安唐大明宫丹凤门

■西安古城安定门

卧狮，威武而庄严。

启夏门是唐代长安外郭城南面的偏东门，始建于隋代，有南北直街直抵大明宫兴安门，西距明德门约1.6千米。

在启夏门上建了城楼，下开三个门洞。门址东西宽35米，南北宽15米，面积525平方米。门外西南1千米处有圆丘、太一和灵星三座神坛。

安化门是唐代长安外郭城南面的偏西门，建于隋，北对郭城北面的芳林门，东距明德门约1.4千米。

在安化门上建了城城楼，门下开三门洞，门洞宽度一律为7.2米。门东西42.5米，南北10米，面积425平方米。

春明门是唐代长安外城东面的中门，建于隋朝初年，西对外城西面中门金光门，居外城东墙自南向北约4.6千米处。朝廷在春明门的基础上修建了城楼，门下开三门洞。

春明门东西宽23.6米，南北宽15米，面积354平方米。开元时期，朝廷主持筑夹城的复道经过春明门，北至兴庆宫与大明宫相通，南至曲江与芙蓉园相通。

唐穆宗长庆年间，朝廷曾在春明门内造天王阁，与兴庆宫连墙。在后来的828年，朝廷将天王阁移至大兴善寺。

唐朝在通化门上修建了城楼，门下设三个门洞。门南侧由龙首渠引水从这里筑涵洞流入城里。门外有夹城复道由大明宫经此通化门，向南直通兴庆宫与曲江和芙蓉园。

通化门是唐代长安外郭城东面的偏北门，唐肃宗至德年间改名为达礼门，后又改回通化门的称呼。通化门西对皇城延喜门、安福门及郭城西面偏北的开远门，南距春明门约2.1千米。

延兴门是唐代长安外郭城东面的偏南门，始建于隋朝。584年，隋文帝敕令改名为延兴门。延兴门西对郭城西面延平门，北距春明门约2.3千米。

唐朝在延兴门上修建了城楼。门下设有三个门洞，门道一律宽6米。门东西宽21米，南北宽42米，面积882平方米。门外有复城夹壁北通兴庆宫与大明宫，南通曲江与芙蓉园。

金光门是唐代长安外城西面的中门。在金光门上修建了城楼，门

■西安古城墙

下设三个门洞，洞一律宽5.2米。

唐天宝元年，京兆尹韩朝宗从城南分水北流，修筑漕渠，经金光门附近入城，至西市潴水池。门东西宽11米，南北宽37.5米，面积412.5平方米。

丝路石雕开远门，也叫作安远门，是唐代长安外郭城西面的偏北门，在开远门上修建了城楼。

开远门东与皇城安福门、延喜门及郭城东面通化门相望，西有通往西域的大道。

延平门是唐代长安外郭城西面的偏南门，城门原名失去记载，开皇四年，隋文帝敕令改名为延平门。后来唐朝在延平门上修建了城楼。

延平门东对郭城东面的延兴门，北距金光门约2.3千米。门下设有三个门洞，门道宽度一律6.7米。门东西宽15米，南北宽39.2米，面积588平方米。

景曜门是唐代长安外郭城北面中门，因门北地区为皇家苑囿，实

■西安古城墙

际为禁苑南墙的中门，始建于隋代，门上建有城楼，门下设有三个门洞。景曜门向南直达修德坊与安定坊之间的南北大街，直抵南郭墙。

芳林门是唐代长安外郭城北面的偏东门，实际上是禁苑南墙三门中的偏东门。芳林门东临宫城西北角，南直达外郭南墙安化门，中与南北纵街相通。

芳林门始建于隋代初年，隋称华林门，后因为门北苑内有芳林园而改称芳林门。门上建有城楼，门下开设三个门洞。

光化门是唐代长安外郭北墙的偏西门，实际上是禁苑南墙偏西门，位于景曜门的西边。门上建有城楼，门下开三个门洞，南面纵街直通郭城南墙。

兴安门位于唐代长安城东北部，与建福门相邻。兴安门是唐代长安北郭城门之一。据《长安志》记载，兴安门为唐大明宫南宫门之一，位于建福门西。

而据《唐六典》注及《唐两京城坊考》记载，兴安门原来是旧京城入皇城的北门，南对郭城的启夏

禁苑 唐朝三座宫城之外，又有三座大型苑囿，分别为西内苑、东内苑、禁苑。三苑之中，禁苑的规模最大。禁苑地处唐都长安西北部的大片地区，北枕渭水，向西包揽了汉长安城，南接宫城，东抵浐河灞河东岸，周围60千米。

门，建于583年。

兴安门位于大明宫西城墙之外，在大明宫与西内苑之间。兴安门向东距大明宫城西南角60米，距建福门260米，距丹凤门680米，门下有一门道。

朱雀门是唐代时期长安皇城的正南门，正南门的下方是城市中央的朱雀大街。隋唐时，皇帝常在这里举行庆典活动。

589年，隋朝统一了全国，隋文帝曾经在朱雀门城楼检阅凯旋大军。

629年，玄奘为了求得真经离开长安出凉州，经玉门关沿丝绸之路独自向西而行，途中历尽艰险，最终历时四年、穿越数十国，终于抵达天竺那烂陀寺。

645年玄奘取经归来，返回长安，带回了657部梵文佛经。唐太宗派宰相房玄龄迎接玄奘，迎接仪式就

房玄龄（579年—648年），别名房乔，字玄龄。生于隋唐时期的齐州临淄，也就是山东省淄博市。他是唐初良相和谋臣。谥号"文昭"。他监修国史，制订唐朝律令，倡导儒学，综理朝政，是大唐"贞观之治"的主要缔造者之一。后世把房玄龄当作良相的典范。

■西安钟楼城门

在朱雀门举行。

那时建筑宏伟壮观的朱雀门是皇城的正门也就是皇上出入的南门。唐末，韩建在缩建新城的时候，这座城门就已经被封闭。

朱雀门的建造，吸引了无数的文人墨客前来，生动形象地描述了当时朱雀门的宏伟和华丽。

朱雀门的城门柱础用大理石制成，青石制作的门槛上刻有线条优美神采飞扬的蔓草花纹，磨砖对缝的门洞隔墙厚实端正，残垣断壁处处流露出当年的华贵风采。

文昌门的城墙上建有魁星楼，是西安城墙上唯一与军事防御无关的设施。

魁星又名"奎星""奎宿"，是位列二十八星宿之一，古代传说魁星是主宰文运兴衰的神，被人们尊称"文曲星""文昌星"。

如果有人能被魁星的朱笔点中，就能妙笔生花，连中三元，成为状元。所以，古代孔庙、学府里都建有供奉香火的魁星楼。明清的时候的西安府学和孔庙建在城墙旁边。

西安中山门，是在西安城墙东侧的一座城门。中山门共有南北两座门洞，南侧门洞名为东征门，北侧门洞名为凯旋门。

■西安古城文昌门

■西安城墙永宁门

中山门并列两个门洞，分别为它们取名东征门和凯旋门。沿着西安城墙东侧，中山门南面为正东门，长乐门，北面为朝阳门。中山门城外向东连接伍道什字西街，城内向西连接东新街。

中山门北侧凯旋门保存着的木质城门板，是西安城墙各城门中唯一的一处有门板的城门。

永宁门是西安城墙中的一个城门，俗称南门。南门是西安城门中资格最老、沿用时间最长的一座，建于隋初年。当年它是皇城南面三座门中偏东的一座，叫安上门。唐末缩建新城时留作南门，明代改名为永宁门。

含光门是唐长安皇城南面的偏西的一处城门，唐末缩建新城时，封闭了它的中门洞和西门洞，保留了东门洞，北宋以后全部封闭。

含光门的夯土保存达8米以上，三个门道的尺寸清晰，东、西两门道的宽度分别为5.3米，中间门道宽度为5.5米，含光门进深处长度为19.6米。

含光门内两侧都有砌砖，有过梁式门道，门上有城楼。含光门内有上门楼的马道，在门西侧，紧贴城墙。

含光门的中门道作为权贵门道，利用率低，所以几乎没有维修过，基本上保留着大唐初期砌门的材料与形制，大气精致。

东、西门道多次维修，基本上保留着晚唐时期粗糙的砖砌形制。每个门道砌砖上都抹有白灰墙皮，门道上车辙还在，每个门道中部的石质门槛还依然存留着，门道过梁和门楼的柱础等都完好地保留了下来。

长乐门是西安城墙的正东门，保留下来的有城楼、瓮城以及南北两侧六个门洞。沿着西安城墙东侧，长乐门北面为中山门，南面为东南城角。

长乐门北侧门洞开辟于明代，因明都城位于西安的东面，因此将东门命名"长乐"，带有祈祝大明江山长久欢乐，万年不衰之意。

尚武门是西安北城墙最西一门，与尚德门、尚勤门和尚俭门共同表示儒家崇尚"良好品德、习武健身、勤俭节约"。

阅读链接

在西安，穿过长乐门有一条长2150米的东大街。隋开皇年间建新都大兴城，东大街就位于皇城东墙南门的内外两侧，名景风门街。

唐末，长安城毁，佑国军节度使韩建缩建长安新城，新城东西两侧筑万年，长安两个县城，成为母子三城拱卫之形制，此街分为城内外两段。

因县城有西北最大的驿站京兆驿，车马过往，商贾云集，宋金时期这一带名大草市，明清时演化为大差市。明初扩大西安府城，拆景风门东移1300米建东门，始统名东门大街。

利用元奉元城东北隅建秦王府，又在南沿和今北大街中线筑秦王府萧墙，萧墙内为王城，俗称皇城，将此街包入王城内。清原王城改为八旗驻防城，俗称满城，此街又称顺城街。街西端即钟楼东门洞，也就是满城的西南角门。

古城南京御敌屏障的中华门

南京位于长江下游，历史悠久，有着6000多年文明史、近2600年建城史和近500年的建都史。

它是我国的四大古都之一，有"六朝古都"和"十朝都会"之

■南京玄武门

■ 南京中华门

五行 存在于我国古代的一种物质观，多用于哲学、中医学和占卜方面。五行指：金、木、水、火、土，认为大自然都是由着五行构成的，随着五行的兴衰，大自然发生变化，从而使宇宙万物循环，影响人的命运，是由于我国古代对于世界的认识不足而造成的。如果说阴阳是一种古代的对立统一学说，则五行可以说是一种原始的普通系统论。

称，是中华文明的重要发祥地，而矗立在南京的座座城门，无疑是这种历史的最佳见证者。

玄武是我国传统文化中的四象之一，根据五行学说，它是代表北方的灵兽，形象是黑色的龟与蛇合体，故玄武也俗称为"龟蛇"。

而玄武门则是古城南京的一处古城门。南京城，是明太祖朱元璋定都南京时开始修筑的，历时21年建成。明南京城周长33.6千米，城高平均12米，宽10至18米。城墙以条石砌基，巨砖砌身，城砖用优质黏土和白瓷土烧成，每块重10千克至20千克。

砖上还印有制砖府县和烧砖人的姓名和烧制日期。以糯米浆拌石灰做黏合剂，非常坚固。虽经岁月的风吹雨打，但仍然完好无损地保留了下来。

南京全城共有13座城门、13600个垛口、200多个堡垒。规模最宏大的是正南方向的聚宝门。

1366年，明太祖朱元璋下令修筑京师应天府内城城墙，其中最南边的城门，是在南唐都城南门的故址上重建的。

据《明史》记载，应天府城墙最南端的南门，因为根基不牢，屡次建造、屡次坍塌，反复几次后，有谋士建议把明代初年吴县富翁沈万三的宝物聚宝盆埋压在城门基础土层下面，这样城门基础就不会下陷了，城门就能建造完成。

明太祖朱元璋采纳了谋士的建议，下诏强行征收了沈万三的聚宝盆，并将沈万三的聚宝盆埋压在城门的建筑基址下面，有了聚宝门的扶助，城墙根基不再下陷，随后中华门内瓮城城门楼被建造了起来，所以这座城门被明代朝廷命名为"聚宝门"。

明代初年，在建造聚宝门的时候，朝廷为了保证城墙砖的质量，采取了严密的检验制度，每块砖上都在侧面印有制砖工匠和监造官员的姓名，一旦发现不

沈万三（1330年—1376年），本名富，字仲荣，世称万三，出生于平江府长洲县，为明初苏州富商，富可敌国。曾出资修拓观前街，助朱元璋修筑1/3的南京城墙等，后被发配云南边陲。民间传说沈万三致富的原因是因为"聚宝盆"，说沈氏获得了一只聚宝盆，不管将什么东西放在盆内，都能变成珍宝。

攻防兼备

天下城门

■中华门和卫兵塑像

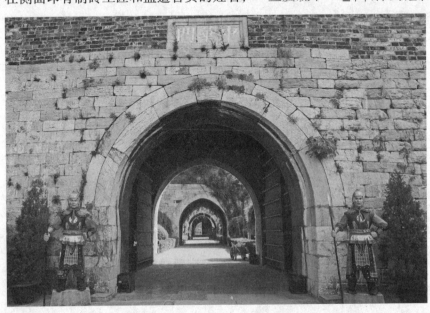

合格制品，立即追究责任，这是普天之下首次采用的质量追踪制度。

因为有严密的质量追踪制度，并能够严格地加以执行，所以应天府内城墙包括聚宝门城墙砖的质地非常过硬，尽管经历了朝代更迭，聚宝门依然保存完好。

后来，人们将聚宝门更名为中华门。中华门东西宽118.5米，南北长128米，占地面积15168平方米。共设三道瓮城，由四道券门贯通，首道城门高21.45米，各门均有可以上下启动的千斤闸和双扇木门。

■ 南京中华门内瓮城

瓮城上下设有藏兵洞13个，左右马道下设藏兵洞14个，可在战时贮备军需物资和埋伏士兵。中华门瓮城的东西两侧筑有宽11.5米、长86.1米的马道，马道陡峻壮阔，是战时运送军需物资登城的快道，将军亦可策马直登城头。

中华门设置有三道瓮城和四道券门，主体建筑内瓮城由中华门主楼城门和两至四道辅助城门构成，各城门原有双扇木门和可上下启动的千斤闸，后来被毁坏。中华门主体建筑两侧的建筑有27个藏兵洞，可以同时屯兵3000余人并储藏士兵所需生活物资。

中华门主楼即第一道城门分上、中、下三层，高21.4米，上层原建有庑殿式重檐筒瓦顶的镝楼。中层为砖石结构，朝内一排设置七个藏兵洞，下层结构中

将军 春秋时代以卿统军，故称卿为将军，一军之帅也称将军。宋、元、明三朝，多以将军为武散官，殿廷武士也称将军。明清两代，有战事出征，置大将军和将军，战争结束则免。清朝，将军为宗室爵号之一，驻防各地的军事长官也称将军。

间为瓮城甬道，两侧各有三个藏兵洞。

中华门两至四道辅助城门为二层结构，上面有木质城楼，下层为砖石结构。

中华门城门主楼和辅助城门楼以及两边连接的瓮城城墙共同构造了中华门内瓮城的主体建筑，中华门内瓮城的主体建筑。东西宽118.5米，南北长128米，占地面积约1.5万平方米。

聚宝门就是中华门的城墙砖，烧制技术的难度掌控是相当大的，城砖的制作由京师工部、京师驻军及长江中下游的湖南、湖北、江西、京师四地共125个县承担，京师应天府以外制作的城墙砖烧成后由长江水路运送到京师，用来保证京师城墙建筑材料的供给。

中华门内瓮城这种藏军设施，在古代冷兵器战争中具有十分重要的作用。遇有敌人强攻时，可将敌兵放进城门欲擒故纵，然后关起各道城门，把敌军截为三段，分别歼灭。

又因为中华门的瓮城在城墙内侧，所以这座宏伟的城门楼也被称为"中华门内瓮城"。

阅读链接

在南京，还有很多城门，汉中门就是其中的一个。汉中门建于南唐，是六朝古都南京现存历史最悠久的城门，是南京保存相对完好的瓮城之一，也是南京丰厚文化积淀的一个缩影。

汉西门为五代杨吴天在915年所建金陵府城的大西门，即南唐建都后为江宁府城的大西门，并沿用至宋、元。

1336年明太祖朱元璋扩建应天府，在此基础上加筑瓮城，改称石城门，后称汉西门。

此门坐东朝西，东西深121米，南北宽122米，占地近1.5万平方米，由两道瓮城，三通城门组成。后来，又在汉西门的北侧另辟一门，称为汉中门，石城门至瓮城城门呈中轴对称，是古代特有的东西轴线，历史文化氛围十分浓重。

人间天堂中的护城壁垒

　　古时杭州曾称"临安""钱塘""武林"等，杭州的杭字本意是船，专指大禹治水乘坐过的船。杭州历史悠久，4700多年前就有人类在此繁衍生息。

■古城门

■ 古城门遗址

　　自秦朝设县治以来，已有2200多年的历史。是五代时期吴越国和南宋的都城，为我国七大古都之一，古有"人间天堂"的美誉。

　　南宋以前，杭州有旱门13个，水门五个。自元、明、清以来，杭州城已固定为十个城门，从前人们把十大城门及各门的物产编成杭曲小调：

　　　　百官门外鱼担儿，坝子门外丝篮儿，正阳门外跑马儿，螺蛳门外盐担儿，草桥门外菜担儿，候潮门外酒坛儿，清波门外柴担儿，涌金门外划船儿，钱塘门外香篮儿，太平门外粪担儿。

　　几经沧桑，随着杭州城池的不断变迁，昔日起重要作用的城门均已湮没，只剩下这为数不多的几个。

杭曲　清末时由地方曲种宣卷衍变而成。初用小木鱼敲打伴奏，由两人对唱，大都演唱因果报应、惩恶劝善一类故事。后改用胡琴、三弦等弦乐伴奏。曲调有"平板""大陆板"等，曲目有《珍珠塔》《黄金印》《白蛇传》等。

■ 城门遗址

隋文帝（541年—604年），即杨坚，隋朝开国皇帝。汉太尉杨震十四世孙。他在位期间成功地统一了严重分裂数百年的我国，开创先进的选官制度，发展文化经济，使得我国成为盛世之国。文帝在位期间，隋朝开皇年间疆域辽阔，是我国农耕文明的巅峰时期，被尊为"圣人可汗"。

武林门是杭州最古老的城门，它作为杭州的北城城门，始建于隋代。吴越国王钱镠修建杭州城垣时名为"北关门"。

南宋高宗建都杭州，将它称为"余杭门"，是作为北城的唯一旱门，另外还有"天宗"和"余杭"两座水门以通舟楫。其后，杭州城城门虽屡有兴废，但此城门始终未变。

在隋文帝时，大力修筑杭州城，城门12座，北门只有余杭门。南宋13城门，北门也仅此一座，明以后改称"武林门"。

武林门，亦名"北关门"。因"北关"在杭州话里同"百官"发音相近，因此，民间俗称为"百官门"。由于杭州旧称"虎林"的原因，它原本是被称为虎林门的。

因为旧时城门外有山，据明代田汝成的《西湖游览志》记载：

土阜陂陀，高可三丈，广不满百步……
弄虎出焉，故名虎林。吴音承讹，转虎为
武耳。

因而，以讹传讹，就变成了"武林"，最终这座
城门名称变为武林门。

由于武林门是杭州城的北大门，武林门外，历朝
历代都是黄土铺地，清水遍洒，"朝廷恩泽自北而
来，由此门入"，对江南情有独钟的康熙和乾隆皇帝
都是由此进入的杭城，因此历史上的武林门被奉为恩
泽之门。

相传在当地有一个虎林山，也叫虎陵山，吴音讹
为武林山，高不过三丈，广不足百步，是北山的余
脉。自隋唐起，此地为京杭运河南端码头、贩米、运
货、进香之人昼夜不绝，渐成闹市。元休有"北关夜
市"之誉，魏标《湖墅杂诗》卷下：

栉比居物价
昂，北关夜市验丰
穰，更深尚未入烟
散，应须用驻防。

由此可见，当时商
贾辐辏之盛。

武林门地近京杭运
河，每当夕阳西下，

乾隆（1711年—
1799年），清高
宗爱新觉罗·弘
历的年号，爱新
觉罗·弘历是清
朝第六位皇帝。
25岁登基，是我
国历史上执政时
间最长、年寿最
高的皇帝，也是
一代有为之君。
庙号清高宗，谥
号法天隆运至诚
先觉体元立极敷
文奋武钦明孝慈神
圣纯皇帝。葬于清
东陵，清裕陵。

■ 南门遗址

"樯帆卸泊，百货登市"，入夜，"篝火烛照，如同白日"，被元人列为"钱塘十景"之一。

因为武林门一带历来都是杭嘉湖地区的淡水鱼集散地，故民间有谣传唱"百官门外鱼担儿"。

从隋代以来，武林门外一直是沟通我国南北大运河杭州段的城北运河和城内运河的枢纽地带。从隋唐至清末，从杭州输向京城的钱、粮、鱼、盐及其他丝绸百货，主要依赖这一南北水上交通要道。

望江门是杭州的东城门之一，始建于南宋高宗绍兴年间，称"新门"或"新开门"。元末改筑杭城后，称永昌门。清代初年，始改名"望江门"，杭州人也习称"草桥门"。

望江门外，明清以前一直是观潮胜地，历代志书中有不少记载，其中著名的有"映江楼"等。明人记载映江楼在永昌门外江边。宋时原为"烟云鱼鸟亭"。元代重建为"瞰江亭"，明代改亭建楼，方有"映江"之称。

由于层楼高耸，俯临江岸，气势雄伟，当时诗人誉为"形胜东南属此楼"。映江楼的西南，有观潮楼，又名大观楼。

据清初有人考证，"其地正对海门，当潮汐往来之冲"，传说为唐代

■ 苏州盘门水陆城门

江楼遗址。观潮楼右有顺济庙，祭祀浙江海神龙王，俗称海潮寺，传说钱塘江怒涛涌至庙前"其声愈壮"，景色十分壮观。

望江门内有德寿宫遗址，原为南宋奸相秦桧在1145年所建的府第，后来高宗赵构年老退位后居住于此，改名德寿宫。

候潮门始建于五代吴越时，当时名为竹车门。因筑城时以竹笼盛巨石，用车运去以定城墙的基石，故名。

■ 古代城门

南宋年间在竹车门的故址上重建候潮门。因城门濒临钱塘江，每日两次可以候潮，故而名候潮门。

南宋时，候潮门以北有保安门、保安水门，它的南面是便门和南北水门，西面是六部桥，东临钱塘江。

古代，杭州城内的绍兴老酒都由候潮门入城，因此，杭谚有"候潮门外酒坛儿"之称。

清代中叶以后，望江门外江岸涨沙日增，一片荒芜，仅有一些菜畦点缀其间，因而有"望江门外菜担儿"的俗谚。据说望江门菜种得最高的地方，是在城墙上。四五米高的墙上，种菜人搭起了窝棚。

那时候，上八府来的木排，全在这里交易。买木材的不光是杭州人，还有顺水从下三府来的乡人。"望江门外木排儿"，也是一句杭谚，这句俗谚传出得要比"望江门外菜担儿"远。

苏州水陆城门

城门边有一个水龙会，水龙会不仅管理木材，还惠及地方。水龙会的锣声一响，响几声，是指哪一处发生了火灾。于是，众人就拿着水龙，赶火去了。这"赶火去"，也算是杭州话中的经典。

钱塘门在隋朝杭州建城就有，1400多年以来，它和杭州城墙相终始，是杭州唯一一个从未改名易地的城门，为杭州的西城门之一。

据史料记载，宋代钱塘门一带的城墙，西薄霍山，东折至北关，形势多曲，也称为九曲城。至元末，城墙去曲取直，这段城墙几近拆尽。明代，有所修复。

宋元时期，钱塘门外多佛寺、楼台、园圃，是杭州的人物风情繁华之地。最有名的看经楼，又名望湖楼，是观赏西湖水景的绝之佳地，苏轼有诗：

> 黑云翻墨未遮山，白雨跳珠乱入船。
> 卷地风来忽吹散，望湖楼下水如天。

看经楼后面是佛教名寺昭庆寺，香火如云，其时有"钱塘门外香篮儿的说法"。

清泰门是杭城古代的东门，南宋初，在其南面另辟一门叫崇新门，门近荐桥，因此亦名荐桥门。南宋末元初时，元兵攻占杭城，城门被毁。元末重建城垣，往东延伸三里筑门，名为清泰门。

清泰门俗称螺蛳门。因清泰门外水网交错，河中多产螺蛳，故有螺蛳门之称。

城门建有半月形城，亦称瓮城，用以加强防御。清泰门外沿江一带直至江水入海处，是古代煮海盐之处，沿江多盐，因而民谣有"螺蛳门外盐担儿"的说法。

清时，杭州府辖下的盐场，在清泰门外有"三保"。"三保"设有灶保三名，役使四名，属于杭州府的内部编制，负责盐场的"稽煎缉私"。盐的制作，全在这些稽缉人员的眼皮下进行。

盐场的产出，除了配给仁和、钱塘、余杭三县的"肩引"每"引"50千克外，剩下的盐全由官府出资收买。这一种"引"，每八天一换，以便核对盐商的身份。

当时的杭州，民食殷繁，盐商纷杂。钱塘与仁和两县的食盐销售，可以互相调剂，听凭盐商"互地行销"，只有余杭来的"肩引"，走的路线是有规定的。只准盐商走清泰门外前往武林门，再出观音关直至余杭，"不许绕道越走"，这也是余杭不同于直属县钱塘和仁和的最大区别。

不过，清时还有一条贩盐的规定很人性，这就是杭州府另拨仁和、钱塘两县的老年人贩盐名额300个，凭"筹"每日"止许负盐三十斤"，使无依无靠的老人能保持"易米糊

古代城门

常遇春（1330年—1369年），字伯仁，号燕衡。南直隶凤阳府怀远县人，明朝开国名将。归附朱元璋之后，自请为前锋，力战克敌，常自言能将十万众，横行天下，军中称常十万，官至中书平章军国重事，封鄂国公，后病卒于军中，追封开平王。

■ 古涌金门遗址

口"的生活，这也是1689年康熙南巡杭州时尊老精神的发扬。

艮山门是杭城古代的东北门，五代吴越时筑罗城，为十城门之一的保德门，南宋绍兴年间移门址于菜市河以西，改名为艮山门。艮为北，艮山，为城北之小山。北宋汴京有"艮岳"，南宋取名艮山，有思念故国之意。

艮山门内有顺应桥，俗称坝子桥，艮山门因而也被称为坝子门。

1276年元兵进占杭州城，艮山门被毁。元末在保德门的故址上重建艮山门。艮山门一带，宋元以来就为驰名中外的"杭纺"主要产地，这里丝织户与机纺作坊遍布，机纾之声，比户相闻，因此杭州民谣有"坝子门外丝篮儿"之称。

庆春门为杭州古代东城门之一。原名东青门，因门外有菜市，又称菜市门。宋末元初，元兵占领杭州城，城门被毁。元末重建，往东拓展三里，因新门临近太平桥，所以又称太平门。明初，朱元璋部将常遇春由此门入城，故而改名庆春门。

庆春门内的庆春街，历

来为杭城繁华街道之一。门外为郊区农民的菜地，菜农运菜进城，担粪出城，均由此门出入，故民谣有"太平门外粪担儿"之说。

清波门在五代吴越时为涵水门，南宋绍兴年增筑杭城，清波门是西城门之一，门楼濒西湖之东南，取"清波"之意名门，为历代沿用。清波门因有暗沟引湖水入城，俗称暗门。

清波门一带古迹甚多，历史上曾是文人墨客及书画家寓居之地，又因门通南山，古时候市民需用柴炭多从此门运入，故有"清波门外柴担儿"之民谣。

■古代城门

清波门一带向来是休闲赏景的好地方，"西湖十景"之一的"柳浪闻莺"就在城门的西边。

涌金门为古代杭州西城门之一。五代时吴越王钱引西湖水入城，在此开筑涌金池，筑涌金门，门濒西湖，东侧有水门。传说西湖中"金牛涌现"即在此地，因而得名。

涌金门历来都是西湖游览的通道，异常繁华。涌金门也称小金门，宋代诗人杨万里有诗"未说湖山佳处在，清晨涌出小金门"就是写涌金门。

涌金门早在古代就有游船码头，西湖游船多在此聚散，因而有"涌金门外划船儿"之谚。

凤山门是古时候杭州城的南大门。宋高宗赵构

凤凰 在远古图腾时代被视为神鸟而予崇拜。用于比喻有圣德之人。它是原始社会人们想像中的保护神，经过形象的逐渐完美演化而来。它头似锦鸡、身如鸳鸯，有大鹏的翅膀、仙鹤的腿、鹦鹉的嘴、孔雀的尾。象征美好与和平。也是古代传说中的鸟王，雄的叫凤，雌的叫凰。

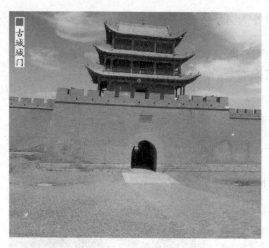
古城城门

偏安江南，把杭州改为临安，并于南宋绍兴时期在凤凰山一带筑皇城，又筑外城，城门13座，此地为大内北门和宁门所在。

后来杭城被侵占，之后的不久，南宋皇宫大内毁于战火，凤山门也遭毁。直到元代才重建城墙，在此处筑城门名凤山门，又名正阳门。

凤山门为南宋御街南端，它的旁边有六部桥，是南宋朝廷三省六部诸官署所在地，为南宋时的政治中心。

凤山门外万松岭一带，是连接江干一带和西湖赏玩的交通要道，风景优美，成为游人骑马踏青之处，因此杭州人有"正阳门外跑马儿"的民谣。

阅读链接

清波门也是杭州一座古城门，始建1158年，"增筑杭城，为门十三"，清波门就是西城临湖的四城门之一。

元末，临湖四城门中的钱湖门被废置，西城只存清波、涌金、钱塘三门。明清时期，清波门更是成了城西南人们出入的唯一孔道。

南宋高翥在《春日湖上》写道：清波门外放船时，尽日轻寒恋客衣。花下笑声人共语，柳边墙影燕初飞。晓风不定棠梨瘦，夜雨相连荞麦肥。最忆故山春更好，夜来先遣梦魂归。

描绘出了那时清波门一带的诱人景色，北宋词人张先的旧庐，就在清波门外的柳州。南宋末，周辉寓居在清波门之南，他所著的笔记集子便也就名为《清波杂志》。

古都洛阳中的坚实城门

洛阳最早建成于夏朝，有东周、东汉、曹魏、西晋、北魏等朝代在此定都，因此有"十三朝古都"之称，与西安、南京、北京并列为我国的四大古都，也是我国历史上唯一被命名为神都的城市，历代帝王在这里都修筑了牢固的城门，以保卫国都固若金汤。

丽景门是我国历史上最为典型、最为优秀的城门，最早始建于隋代，据《唐两京城坊考》记载，东都皇城西面有两门，南曰丽景门，北曰宣辉门。丽景门是洛阳古城的西大门。

自从代表夏、商、周三朝王权的九鼎置于洛阳后，这个古代称为"天中"的洛阳，就成为历朝

■洛阳古城丽景门

祭祀 是华夏礼典的一部分，更是儒教礼仪中最重要的部分，礼有五经，莫重于祭，是以事神致福。祭祀对象分为三类：天神、地祇、人鬼。天神称祀，地祇称祭，宗庙称享。祭祀的法则详细记载于儒教圣经《周礼》《礼记》中，并有《礼记正义》《大学衍义补》等书进行解释。

历代必争之地，英雄、枭雄竞相表演。

隋唐时代，丽景门内是朝廷诸省、府、卫、堂、馆、局、台、寺的办公场所，另有内坊，左、右春坊等供官员居住。

丽景门内右侧为大社，是百官及万民祭祀土神和谷神的地方。由隋唐至宋，各代所设的官衙名称不尽相同，但所设的省、府、台、卫等大抵如此。

据《河洛民风》记载：

> 丽景门长期以来是百官及万民祭祀神的地方，祈福风调雨顺，国泰民安，富贵吉祥，合家平安。

■洛阳丽景门门口

这说明丽景门的兴盛繁荣、经久不衰是和它所处的地理位置有密切关系的。

丽景门占地面积18000多平方米，城门楼共分四层，由城门楼、瓮城、箭楼、城墙、丽景桥和护城河等部分组成，其城垣高厚，月城宏阔，重门叠关，上干浮云，气势磅礴，成为洛阳老城历史文化古城街区的龙头。

丽景门的规模之宏大在河南古建筑中居于首位，成为洛阳古城历史文化最具特色的标志，是为中原第一楼，古都第一门。

■洛阳丽景门

丽景门城楼内设有天后宫、九龙殿、贤良庙、观音阁和城隍庙等大型号宫殿。武则天等功绩卓著的皇帝都有在九龙殿内供奉。

丽景桥桥柱上的汉白玉古狮形态各异，扶揽凭吊，河水轻轻在桥下流淌，进入瓮城，抬眼望去，巍巍古庙立于箭楼之上，登城拾级而上，直至最高层的景点。

南北两侧，有象征洛阳十三朝古都的十三根描金龙柱，似一排昂首而立的勇士守卫着城楼，沿着雕梁画栋的弧形长廊，这里曾是历代进行百官及万民祭祀神灵祈福纳祥之处。

在九龙殿内，面西为对洛阳历史有重大影响的九位商尊之像，面东为浮雕九龙壁，其形源自故宫的九龙壁，彩龙飞舞，栩栩如生，这是一座二层庙宇，踏着木梯而上，二层名为"归良庙"，同塑有"福、禄、寿"三神，位中之尊为武圣关羽，被奉为财神，

城隍庙 起源于古代对《周官》八神之一水隍庸的祭祀。"城"原指挖土筑的高墙，"隍"原指没有水的护城壕。古人造城是为了保护城内百姓的安全，所以修了高大的城墙、城楼、城门以及壕城、护城河。他们认为与人们的生活、生产安全密切相关的事物，都有神在，于是城和隍被神化为城市的保护神。

■ 洛阳安喜门

排叉柱 指城门洞内两侧壁密集排列的立柱。城门洞不采用发卷的方法，而是在夯土的门道两侧沿边密排柱础。柱础上立柱，柱上架梁枋，从而构成城门洞间架结构。在门洞两侧边竖立的柱子称为"排叉柱"。

每逢阴历初一和十五，香雾缭绕，好不热闹。

定鼎门是隋唐洛阳城外郭城正门，隋初名建国门，唐时更名定鼎门。位于隋唐城中轴线上。605年，隋炀帝营建东都，次年迁都洛阳，成为第一个通过定鼎门的皇帝。

之后，定鼎门相继被唐、后梁、后唐、后周和北宋定为洛阳外郭城正门，直到北宋末年，才逐渐废弃。定鼎门作为郭城南垣正门的时间长达530年，是我国沿用时间最长的古代都城城门。

定鼎门以城门楼为中心，东西两侧对称分布有东西飞廊、东西阙楼及左右马道，总面积约13万平方米，东西长161米，两侧辅以200米的城墙。

盛唐时定鼎门为三门道过梁式建筑结构，古代实行"左入右出"，三个门道中东门道用于进城，西门道用于出城，中门道为帝王专用的御道，三个门道的宽度均为5.8米。

门扉是安装在门道中部的，东门道北端被古洛渠破坏，门道的东西两侧各对称布有15方地栿石，对称分布，用于安装大型排叉柱。排叉柱一半包在隔墙里面，一半明露并涂有红漆。

排叉柱的下面有榫，安放在地栿石的榫窝内，增强柱子的稳定性，同时起到支撑城门的承重作用。地栿石彼此之间留有间隙，砌青砖为壁，其外抹有白灰墙皮，墙皮外装饰有红色颜料。

中门道，破坏最为严重，仅存三方的地栿石，在地栿石下面铺有整砖和残砖，砖块下面有河卵石，河卵石下面还有坚实的夯土层。

西门道，保存有地栿石、门砧石、立颊石、车道石、撞石和路土等，门砧石上面居中有安嵌立颊石的凹槽和安嵌门臼的臼窝，立颊石上面有安装门框的长方形凹槽，侧面凿有镶嵌门限的凹槽。

车道石保存着车辆反复碾压所留下来的痕迹，地栿石的外侧有撞石，用于防止车辆撞击城门而设置。城墙外侧有五层包砖，包边砖均为斜面，砖缝很小，砌筑十分考究。

每块砖都比现在的砖要大很多，重量在3.3千克至3.4千克斤之间，有着很严格的要求。砖在隋唐时期非常珍贵和稀少，只有皇家才能享有包砖的待遇，不仅美观而且可以有效保护墙体。

■洛阳定鼎门

飞廊约长33米，是连接城门楼和阙楼的通道，相当于走廊的作用，由于在外侧看上去又像城门楼的翅膀一样，所以后人起名为飞廊。

隋唐时期流行两种飞廊形式，一种平面呈曲尺形，一种平面呈长方形。曲尺形飞廊见于宫城正门应天门和长安大明宫含元殿遗址，长方形飞廊仅见于定鼎门。

飞廊的北侧分别有东西马道，是用于登城门楼的，古时将军可以骑着马直接登上城楼，战时也可方便士兵们运输粮草和一些战备品。后来仅存有基础的部分，残约21米，宽4.7米，坡度在20度左右。

阙楼是用于瞭望和守卫的，南北两侧均比飞廊突出2.8米，作为外郭城正门定鼎门的双阙与主城门楼呈一字形对称平行分布。而作为隋唐宫城正门应天门的双阙则分别向南凸出，呈"凹"字形，与定鼎门形成鲜明对比。

西涵道是穿南城墙而过、连接城内外水系的涵道。长度为3.1米，由大块青石砌成，中间一条菱形的分水梭石，将涵道分为二，每条水道宽0.8米。底部石面上发现16个菱形榫眼，用于安装铁栅栏，主要作用是防止人们顺水道出城入城。

阅读链接

洛阳附近的荆州古城，是我国南方保存最为完好的一座古城。古城之城墙由土城和砖城互相依托而成，城墙高9米宽约10米，周长11.3千米，是依照明代旧基修复而成的。

环绕城墙的护城河最宽处60余米，最窄处10余米，蜿蜒曲折与城墙融为一体，构成水城、砖城、土城三道防线。

古城原有六座城门，即大东门、小东门、南门、西门、大北门和小北门，原来每座城门包括城楼、箭楼和瓮城，现在只有大北门和大东门有城楼，其他城楼均已毁。

除小东门外，每座城门均有配套的桥梁跨过护城河，便于通行。小东门是没有桥梁道路，而设有码头的"水门"。